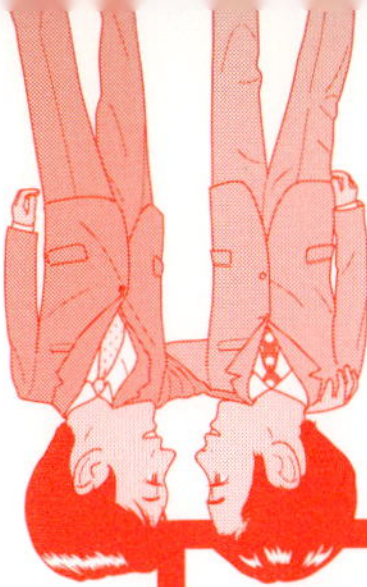

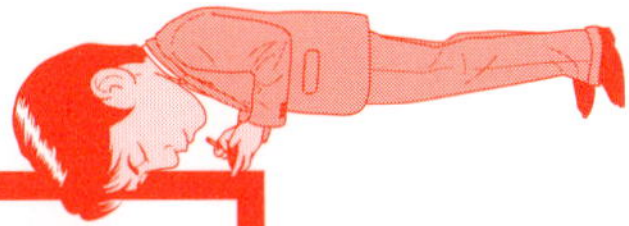

上司・部下・同僚 うまくいく人間関係

交流分析ではじめる
人間関係改善の
ファーストステップ

広瀬貴美代
交流分析士

同文舘出版

はじめに

仕事をしていて、こんなことを感じたことはありませんか？

「どうしてわかってくれないの？」
「何もそんな言い方しなくても……」
「どうして、言うとおりに動いてくれないの？」

仕事をしていれば、誰でも一度はこんな思いをしたことがあるのではないでしょうか。あなたの上司や同僚や部下の中にも、「この人とは〝気が合わない〟」と感じる人がいるはずです。もしかしたら、あなたは今もそうした思いをして悩んでいるかもしれませんね。けれども、それを放置しておくと、職場での人間関係を気まずくし、ストレスのもとになってしまいます。

解決策の第一ステップは、まず自分自身がどんな性格傾向にあるのか、どんなトラウマ（幼児期に身につけた感情）を持ち、弱点はどこにあるのかということを知ることです。

自分自身の性格を理解し、なぜこのような言い方や行動をするのかを知ることが、人間関係改善の第一歩です。

第二のステップは、苦手と感じる相手の性格傾向やトラウマを理解することです。そうすれば、相手の言動が理解でき、予測できるようになります。

最後のステップは、苦手な相手への対応策を知ることです。相手の性格やトラウマを受け入れた上で、適切な対応策を身につければ、苦手な相手とのコミュニケーションがうまくいくようになります。本書では、それを具体例を通じて示していきます。

決して難しいことではありません。簡単で誰にでもできることばかりです。
ぜひ、楽しみながらチャレンジしてみてください。

二〇〇六年一〇月

広瀬貴美代

Contents

第2章　交流分析で相手を知ろう

〜相手を分析すれば、相手も気づいていない相手を発見できる〜

第3章　上司とうまくやっていく作戦は、こうして立てよう

～上司のタイプによって攻略のしかたを考えよう～

第4章　部下とうまくやっていく作戦は、こうして立てよう

～信頼関係を築きながら攻略のしかたを考えよう～

第5章　同僚とうまくやっていく作戦は、こうして立てよう

～仲間意識を育みながら攻略のしかたを考えよう～

装丁■小島トシノブ　DTP■ムーブ（新田由起子）

プロローグ

職場でのちょっとした会話で、イヤな思いをしたり、気まずくなったりしたことはありませんか?　たとえばこんなケースです。

中間管理職のAさんは、上司から「仕事上の連絡や相談はこまめにしろ」と言われていたので、備品を購入する際にそのことを上司に相談しました。すると、上司はこう言いました。

「そのくらいのことは自分で判断しろ。君は管理職だろう。小さなことでいちいち相談にくるな」

こう言われたAさんは「そうか、この程度の金額の買い物であれば自分で判断していいんだな」と思いました。

そして後日、他の備品が必要になった際、上司に相談しないで購入しました。

すると、上司はAさんにこう言いました。

「何で勝手に決めるんだ。購入するなんて聞いてないぞ!　いつもちゃんと報告しろと言っているだろう！」

さて、もしあなたがAさんだったら、どう思いますか？　きっと「矛盾してるよな。まったく勝手なんだから」と、決して上司に対して良い感情は持ちませんね。

上司はなぜ、このように矛盾したことを言うのでしょうか？

前回言ったことを忘れてしまったのでしょうか？　それとも、意地悪しようとしたのでしょうか？

実は、上司の多くは、つい自分の存在や権限を確認したくなってしまうものなのです。そのため、「このくらいの裁量は部下に与えておこう」と権限を委譲しておきながら、ふとしたときに自分の存在を誇示したくなってしまうのです。

しかも、それは無意識のうちに行なわれるので、本人は自分を誇示したとは気づいていません。もしあなたが、そんな上司に向かって「前回、私の判断にまかせると言われました」などと言おうものなら大変です。「上司に向かって偉そうに！」とか「そんなことを言った覚えはない！」などと売り言葉に買い言葉になり、上司は感情的になって冷静な判断や対応ができなくなります。これでは、上司との関係はますます悪化するだけです。

さてこの場合、あなたは上司に対して〝自分が正しい〟ことを立証しようとしますか。それとも〝まっ、いいか〟と聞き流しますか？

では、次のケースはどうでしょうか。

入社三年目のBさんは、上司から「新入社員をしっかり教育しろ」と言われていました。Bさんは、日頃から新入社員たちの仕事中の私語が気になっていたので、やんわりと注意しました。

ところが、新入社員たちは注意されたことに納得がいかず、Bさんを飛び越えて直接上司に苦情を言いました。

すると上司は、Bさんの話を聞きもしないで、こう言いました。

「相手は新入社員なんだから、もう少し気をつかえ！」

さて、もしあなたがBさんだったらどう思いますか？

「指示どおりにやったのに、何で怒られなければならないんだ。自分ばかりいい子になって」と不快になりますね。

Bさんは〝私だけが悪者になってしまった。本来、上司が悪者になるはずなのに……。こんなはずではなかった〟と感じています。それがBさんの気持ちを不快にします。

一方、上司は少しは反省するかというと、そんなことはありません。〝Bさんさえ、ちゃんとうまくやっていれば、新人が直接苦情なんか言いにこなかったのに……。まったく。こんなはずではなかった〟と思っています。

Bさんは、「上司は部下をかばうもの」と思っていますが、上司は「部下は言われたことを確実にこなすもの」と思っています。これではお互いの気持ちがすれ違い、信頼関係など築けるはずがありません。

職場の人間関係は、上司対部下だけではありません。同僚との間でもお互いに不快感が残ることがあります。

こんなことを経験したことはありませんか？　ランチタイムや仕事帰りの居酒屋でよくあるケースです。

CさんとDさんは同期入社で、二人には仲の良いEさんという同僚がいます。次にあげるのは、Cさんと Dさんが仕事帰りの居酒屋でかわした会話です。

Cさん「Eなんだけど、最近めっきり付き合いが悪くなったよな」

Dさん「そうだよな。忙しいのはわかるんだけど、たまには出てくればいいのにな……」

Cさん「噂で聞いたんだけど、Eは最近部長のお気に入りらしいよ。気づいてた?」

Dさん「そうなんだぁ。少し気にはなっていたけど……」

Cさん「意外とEは要領がいいからな。同じ仕事をしたって俺よりEの方が目立つし」

Dさん「そういうところはあるよな」

Cさん「自分たちは利用されてるんじゃないのか?」

Dさん「そんなことはないと思うけど……」

一見すると、どこの居酒屋でもかわされる、いたって平凡な噂話ですね。
ところが、たわいもない噂話が、とんだ方向に発展することがあります。
次の日の昼休みに、CさんはEさんに呼ばれて次のように言われました。

Eさん「自分は部長のお気に入りではないし、特別扱いされた覚えもない。ましてや、君たちを利用しようなんて考えたこともないよ。今まで良き同僚だと思っていたけど、変な噂を流さないでほしい」

こう言われたCさんは、とっさにDさんがEさんに昨日の話を告げ口したに違いないと思い、Dさんに「どうしてEに話したんだ」と詰め寄りました。すると「君のEに対する誤解を解こうとしただけだよ」とDさんは言います。

しかし、Dさんが何と言おうとも、三人にはそれぞれ不快な思いが残ります。

はじめはちょっとした噂話や愚痴だと思って話したとしても、人によってそれぞれ考え方や受け止め方が違うため、予想どおりの結果になるとは限りません。この事例のように、「こんなはずではなかった」という結果になるケースも少なくありません。その結果、お互いに不快な感情が残り、それがストレスの原因になるのです。

なぜ、このようなことが起こるのでしょうか?

その原因は、その人が身につけたものの見方や考え方にあります。私たちは小学校に入る頃までにさまざまな出来事や体験を通して、その人なりのものの見方を身につけますが、それは大きく「自己肯定型」と「他者肯定型」の二つに分かれます。

「自己肯定型」の人は、何かあったときに「私は正しい・私は間違っていない」という感情が働き、常に自分が正しいことを無意識のうちに立証しようとします。

これに対し「他者肯定型」の人は、逆に「相手が正しい・相手の言うとおりにしよう」という感情が働くため、常に自分に自信が持てず、無意識に自分より相手が優れていることを立証しようとします。

「自己肯定型」にしろ「他者肯定型」にしろ、それぞれの感情がすんなり立証できれば、相手と「気が合う」と感じ、相手と口論になったりするなどしてお互いの感情を立証することができないと、その相手とは「気が合わない」と感じるのです。

職場では、年齢・性別・キャリア・生い立ちなどが異なるさまざまな人が顔を合わせます。そのため、自分と気が合う人たちばかり、というわけにはいきません。どうにも気が合わないと感じる人もいるはずです。

また、気が合う・合わないというのは、本人だけが感じているわけではありません。上司や同僚も同じように感じています。それを放置しておくと、やがてストレスがたまり、ひいては心の病になってしまうこともあります。

ですから、そうなる前に何かしらの手段を講じましょう。「交流分析」はそんなときに役に立ちます。交流分析は、幼児期に身につけた感情を無意識に立証しようとすることで、人間関係に問題が起きるプロセスを簡単に解明するとともに、問題を解決する手法です。

職場でイヤな思いをしそうになったら、この本でこれから解説する交流分析のことを思い出してください。あなたの心に元気を取り戻してくれるはずです。

第1章　交流分析で自分を知ろう

～自分でも気づかなかった自分はこうして発見しよう～

交流分析とは……あなたの心の中には「五人の家族」が住んでいる

❶これが交流分析だ

交流分析（ＴＡ：Transactional Analysis）は、アメリカの精神科医エリック・バーンが創案した精神分析法です。

精神分析と言うと、「難しそうだなあ」と感じる方が多いかもしれません。たしかに、一般的な精神分析では難解な専門用語が使われ、理論や手法を習得するには長期の学習と訓練を必要とします。

でも、ご安心ください。交流分析は難しい言葉を用いず、多くの人々に理解しやすくできているからです。また、短時間でマスターすることもできます。

交流分析では、私たちの「思考」、「感情」、「行動」などを記号や図を用いて表します。こうして自分の性格を目で見える形にすることで、客観的に自分を見ることができるようになります。そして、自分への気づきを深め、心身ともに自己をコントロールできるようになります。

それだけではありません。自分と他人との間でかわされる交流パターンにも気づき、それをどう改善できるかについても理解できるようになります。その結果、それまでぎくしゃくしていた人間関係さえも大きく改善することができるのです。

ここでは交流分析の概要を、さらに簡単な言葉、記号や図にすることで、誰にでもわかるようにしています。

次に、交流分析がいかに簡単で身近に感じられるかを見てみましょう。

❷心の成り立ちを知ろう。あなたの心の中に住む「五人の家族」とは

交流分析では、私たちの心の中に次の「五人の家族」が住んでいると考えます。次ページの図を見てください。どうですか。五人の家族を覚えやすくするために〝頑固おやじ〟〝やんちゃ坊主〟など、それぞれにニックネームをつけてみました。また、それぞれの性格はとても親しみやすいのではないでしょうか。

私たちの心の中にはこの五人の家族が住んでいるわけですが、それぞれ良い面と悪い面を持っています。それは25ページのとおりです。

＊「五人の家族」のタイプ＊

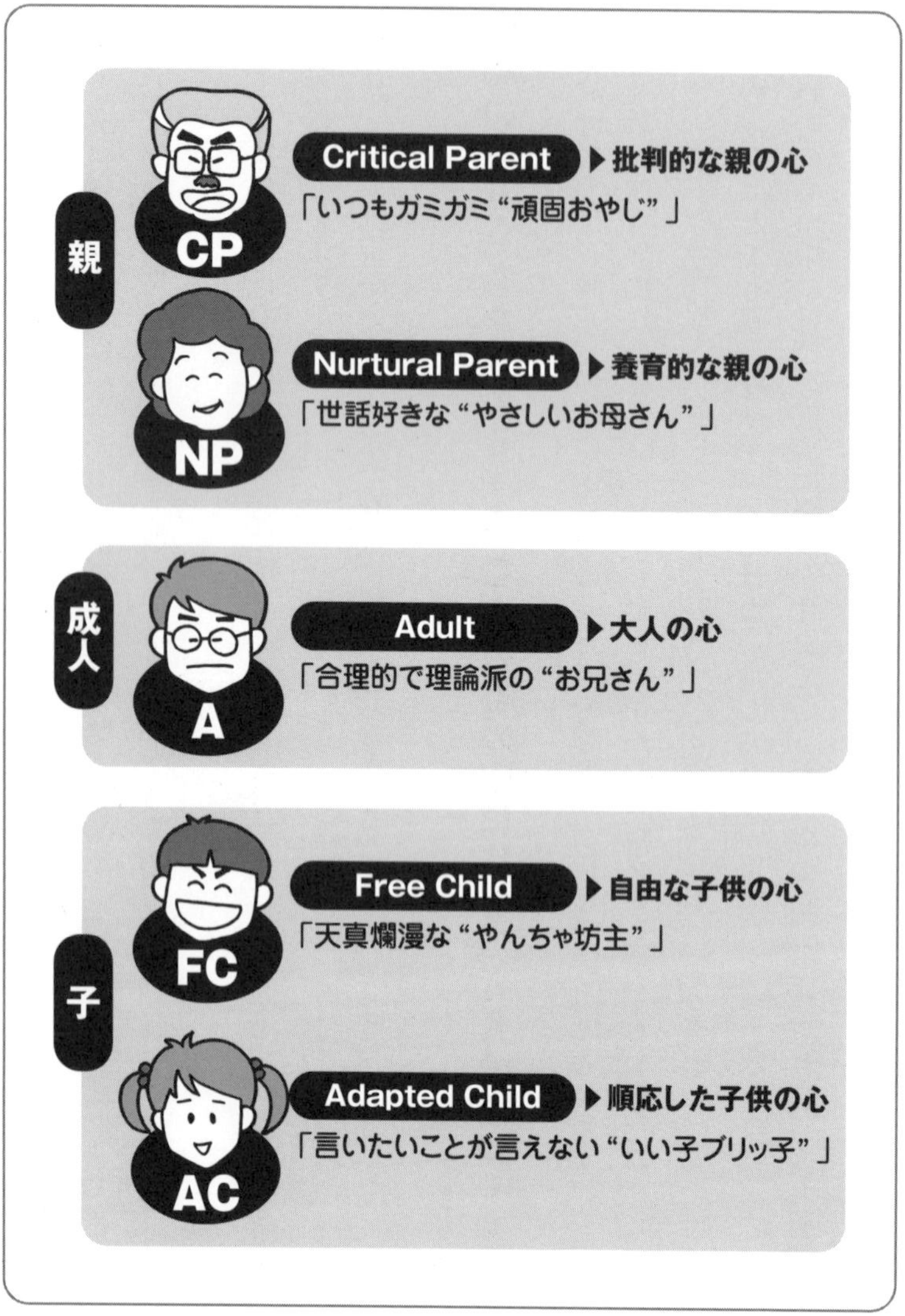
親
CP
Critical Parent ▶批判的な親の心
「いつもガミガミ“頑固おやじ”」
NP
Nurtural Parent ▶養育的な親の心
「世話好きな“やさしいお母さん”」
成人
A
Adult ▶大人の心
「合理的で理論派の“お兄さん”」
子
FC
Free Child ▶自由な子供の心
「天真爛漫な“やんちゃ坊主”」
AC
Adapted Child ▶順応した子供の心
「言いたいことが言えない“いい子ブリッ子”」

＊五人の家族、それぞれの特徴＊

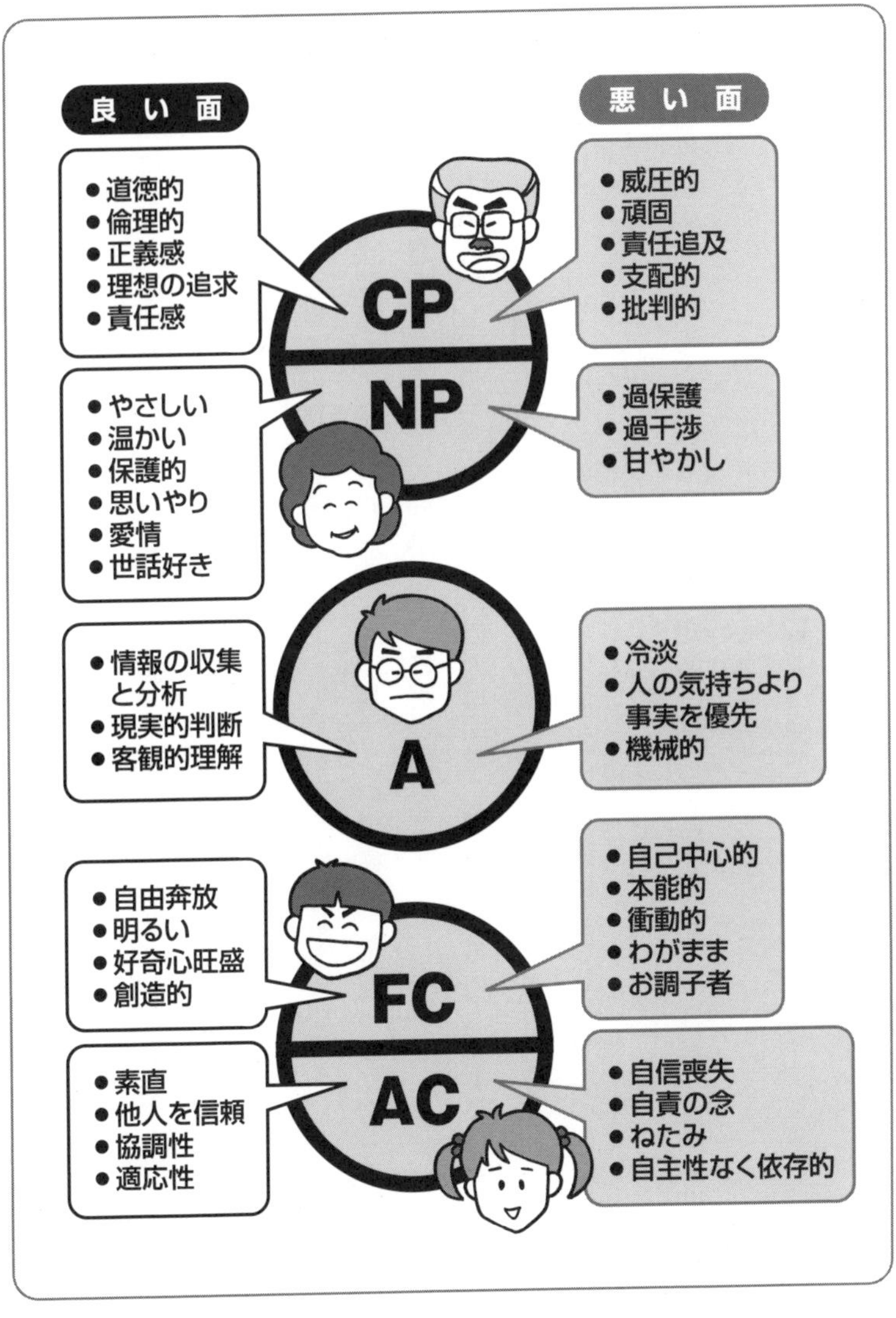

私たちは誰もが、良い面と悪い面を持っています。同じように、この五人もそれぞれ良い面と悪い面を持っています。

たとえばＣＰ（頑固おやじ）の要素が一番強い人は、規則や規律を重んじ、理想や目標に向かって進む、という良い面を持つ反面、自分にも他人にも厳しすぎて、他人に対して支配的・威圧的になりやすい傾向があります。人から「きつそうに見える」、「なんだか怖い感じ」などと言われるのは、ＣＰ（頑固おやじ）の強さが関係しています。

また、宴会で芸達者な人は、ＦＣ（やんちゃ坊主）の要素が一番強いのです。抵抗なく奇抜なことができたり、遊びの雰囲気にすぐに溶け込めます。

そんな明るい人でも、相手によって「あの人は明るくておもしろい人だよね」と思われることもあれば、「お調子者で自己チューだよね」と思われることもあります。

自分ではそんなつもりはないのに……と思い悩んでも事態は変わりません。そんなときに交流分析の手法が役に立つのです。

五人の性格の中で、もし思い当たるものがあれば、それがあなたの行動・言動・思考に影響しています。

まずは自分の中の五人家族を知り、自分にどんな傾向があるのかを知りましょう。そして「あぁ、なるほどな」と気づいたら、それが人間関係改善の第一歩となるのです。

Section2

エゴグラムテストで自分の性格をグラフ化しよう

❶エゴグラムテストとは

エゴグラムテストとは、心の中の五人の家族それぞれのエネルギーの量をグラフ化するためのチェックテストです。簡単に言うと、その人の行動パターンを知るためのテストです。行動パターンを知ることで、その人の行動の特徴や日常の癖などを理解することができます。最近ではメンタルヘルスやストレスケアが注目されていますが、エゴグラムテストは、企業の入社試験や適性試験などにも利用されるようになっています。

さて、まずは実際に簡単なエゴグラムテストをやってみましょう。

❷五〇問のエゴグラムテストをやってみよう（オリジナルな質問形式）

次の表の質問に、はい（○）・どちらとも言えない（△）・いいえ（×）で答えてください（なお回答は、できるだけ○か×で答えるようにしてください）。

質　問	I	II	III	IV	V
26何事も事実に基づいて判断しますか					
27子供や他人の世話をするのが好きですか					
28直感で判断するほうですか					
29子供や部下を厳しく教育しますか					
30他人の期待に添うよう、過剰気味な努力をしますか					
31興にのると度をこし、はめを外してしまいますか					
32相手の話に耳を傾け、共感するほうですか					
33欲しい物は、手に入れないと気がすまないほうですか					
34自分の考えよりも人の言うことに影響されやすいですか					
35洗濯・料理・掃除など好きなほうですか					
36娯楽・食べ物など満足するまで求めますか					
37社会の規則・倫理・道徳などを重視しますか					
38自分の感情を抑えてしまうことが多いほうですか					
39「わぁ〜」「すごい」「へぇ〜」など感嘆詞をよく使いますか					
40情緒的というより、むしろ理論的なほうですか					
41物事の決断を苦労せずに、素早くできますか					
42遠慮がちで消極的なほうですか					
43言いたいことを遠慮なく言ってしまうほうですか					
44能率的にテキパキと仕事を片付けていくほうですか					
45責任感を強く人に要求しますか					
46社会奉仕的な仕事に参加することが好きですか					
47涙もろいほうですか					
48先(将来)のことを冷静に予測して行動しますか					
49「〜すべき」「〜ねばならない」とよく言いますか					
50怒りっぽいほうですか					

＊エゴグラムテスト＊

質　　問	Ⅰ	Ⅱ	Ⅲ	Ⅳ	Ⅴ
1 部下や後輩が間違ったことをしたとき、すぐにとがめますか		■	■	■	■
2 人に対して思いやりの気持ちが強いほうですか	■		■	■	■
3 思っていることを言えず、後悔するほうですか	■	■	■	■	
4 人から気に入られたいと思いますか	■	■	■	■	
5 自分の損得を考えて行動するほうですか	■	■		■	■
6 身体の調子が悪いときは、無理を避けますか	■	■		■	■
7 好奇心が強いほうですか	■	■	■		■
8 つらいときは、我慢してしまうほうですか	■	■	■	■	
9 良い悪いをはっきりさせないと気がすまないほうですか		■	■	■	■
10 義理や人情を大切にしますか	■		■	■	■
11 相手の長所によく気がつくほうですか	■		■	■	■
12 他人の言うことや顔色が気にかかりますか	■	■	■	■	
13 お金や時間の約束などにルーズなことが嫌いですか		■	■	■	■
14 会話で感情的になることは少ないですか	■	■		■	■
15 融通が利くほうですか	■		■	■	■
16 自分をわがままだと思いますか	■	■	■		■
17 物事を分析的によく考えてから決めますか	■	■		■	■
18 理想を持って、その実現に努力しますか		■	■	■	■
19 他人から頼まれたらイヤとは言えないほうですか	■		■	■	■
20 権利を主張する前に義務を果たしますか		■	■	■	■
21 子供や部下の失敗に寛大ですか	■		■	■	■
22 劣等感が強いほうですか	■	■	■	■	
23 他人の意見は賛否両論を聞き、参考にしますか	■	■		■	■
24 自分の考えを通すより、妥協することが多いですか	■	■	■	■	
25 小さな不正でも、うやむやにしないほうですか		■	■	■	■

どうですか。回答できましたか？　では、回答をグラフにしてみましょう。

❸エゴグラムテストの採点方法とグラフ化

○は2点、△は1点、×は0点で計算し、Ⅰ・Ⅱ・Ⅲ・Ⅳ・Ⅴごとに合計点を出します。

Ⅰ…□点　Ⅱ…□点　Ⅲ…□点　Ⅳ…□点　Ⅴ…□点

次に、集計した点数を、次の例のようにグラフ用紙に棒グラフ状に記入します。

棒グラフはできましたか？　これがあなたの五人の家族それぞれのエネルギー量です。
どの家族が一番高いですか？　また、どの家族が一番低いですか？
ではいよいよ、できあがった棒グラフを基に自己分析してみましょう。

＊エゴグラムテストの結果（例）＊

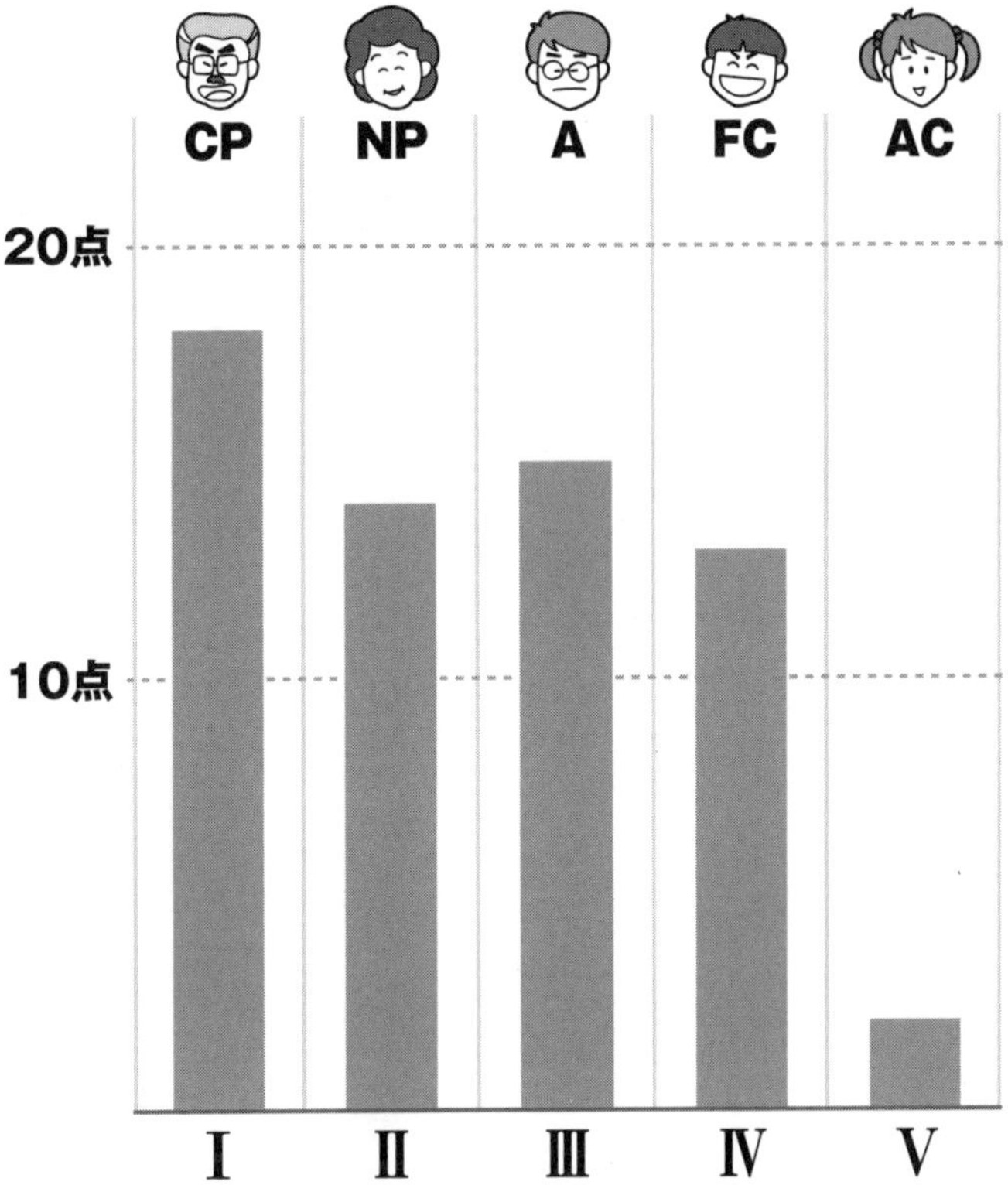

例：Ⅰ……18点
Ⅱ……14点
Ⅲ……15点
Ⅳ……13点
Ⅴ……　2点　の場合

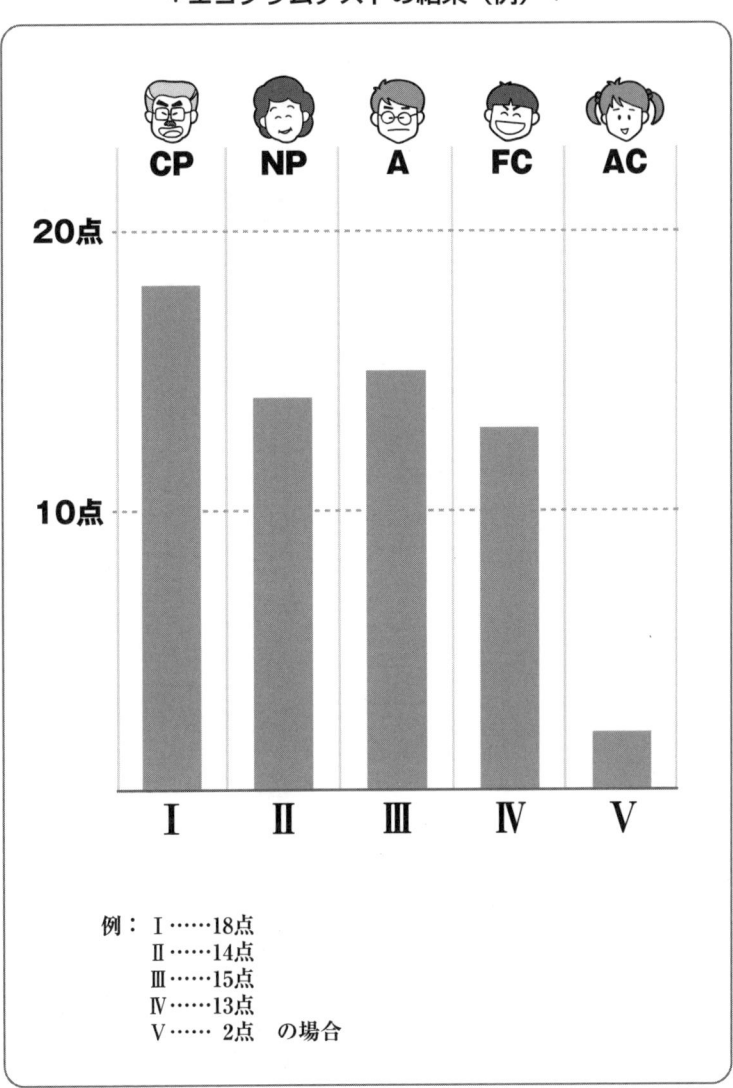

自分の性格傾向を分析して、自分の心の強さと弱さを見つけよう

❶エゴグラムを基に自己分析してみよう

「頑固おやじ（父）」が一番高い場合＝自己肯定型の人

このタイプは、責任感が強く、理想を追求しリーダーシップをとろうとします。

社会的に責任のある仕事にやりがいを求める反面、自分にも他人にも厳しいため、頑固で融通が利かないと思われがちです。

「～すべきである」、「～が常識だ」のような言葉をよく使用します。

自分は常に正しいと思い、自分の価値観を相手にも押しつけがちです。

「やさしいお母さん（母）」が一番高い場合＝他者肯定型の人

このタイプは、人に優しく、思いやりを持って接します。面倒見が良く、世話を焼くのが好きなため、過保護になったり、おせっかいと思われがちです。

「～してあげる」、「頑張りましょう」、「大丈夫よ」のような言葉をよく使います。

相手を認め、尽くしますが、親切の押し売りにならないように注意しましょう。

「冷静なお兄さん（兄）」が一番高い場合＝中立型の人

このタイプは、知的・理論的で効率の良い行動をするため、仕事の上では〝できる人〟が多いようです。その反面、情緒より知性が勝り、合理性や能率性を優先するという特徴があるため、冷たい・面白みがないと思われがちです。

「具体的に言うと」、「誰が・いつ・どこで」、「なぜ・理由は・根拠は」のような言葉をよく使い、「５Ｗ１Ｈ」的な切り口で理論的に話します。

客観的で冷静に物事を考えるのですが、理屈っぽいと相手から一線を引かれないように注意しましょう。

「やんちゃ坊主（弟）」が一番高い場合＝自己肯定型の人

このタイプは、好奇心旺盛で明るく自由に振る舞います。明るく・楽しくをモットーにしているような自由奔放人と言えるでしょう。しかし、「好き・嫌い」、「やりたい・やりたくない」など、意思をはっきり示すので、わがまま・自己中心的と思われがちです。

「わぁー！」、「へぇー！」といった感嘆詞や「お願い、やって！」、「むかつくー！」など、思ったことや感じたことを、そのまま言葉にします。

ユーモアがあり、活発・無邪気でまわりを明るくしますが、自分の感情や欲求を優先させるため、他人への配慮に欠ける傾向があります。自己愛的な傾向も強いため、仕事でトラブルを起こしても、自分の責任をとろうとしない傾向もあります。

「いい子ブリッ子（妹）」が一番高い場合＝自己否定型の人

このタイプは、あまり感情を表に出さないため、順応性があり協調的と見られますが、反面、何を考えているのかわからないと思われがちです。

依存的で、はっきり〝ＮＯ〟と言えないため、相手の顔色をうかがったり、相手の期待に沿うように行動しようとします。見捨てられるのではないかという不安が強く、常に相手の関心や愛情を確かめようとし、なかなか自立できない傾向があります。

「どうせ私なんか……」、「～してもいいのでしょうか……」、「でも……」、「そうですね……」など、自信がなく遠慮がちな言い方をよくします。

与えられた仕事をこなすことはできますが、自分から率先して何かを達成することは苦手な傾向にあります。

以上が、それぞれの家族のエネルギーが一番高いケースですが、逆にエネルギーが低い場合は、今見てきた傾向と反対の傾向を示します。

たとえば「頑固おやじ」が一番低い場合は、責任感に欠け、理想を追求しようとする姿勢が弱いため、リーダーシップをとるのは苦手となります。また、他人に対して自分の価値観を押しつけるようなことがないため、友好的に感じられます。

このように、エネルギーは高いから良い、低いから悪いということではありません。何かことが起こると、エネルギーが一番高い家族の特徴が出るということであり、一番低い家族の特徴が自分が苦手と感じるところだということです。

それでは、先ほどの例題のエゴグラムは、どのような性格なのかを見てみましょう。

このタイプの人は理想を打ち出し、リーダーシップがあって責任感も強い（頑固おやじの特徴）と言えます。また、知的で効率よく物事を考えます（冷静なお兄さんの特徴）。そして、人に優しく思いやりの気持ちがあり面倒見も良い性格（やさしいお母さんの特徴）です。まさに「理想のリーダー」と言えるでしょう。

しかし周囲への気づかいが不足し、相手の真意に気づかず〝良かれ主義〟に陥りやすく、自分の思い込みで行動しやすい傾向にあります。

これは、いい子ブリッ子の点数が低いため、その特徴が出にくく、相手に合わせるということが苦手なため、自分に合わせるように無理強いしてしまう傾向があるということです。

つまり、このタイプの人の弱点は、人に合わせることが苦手という点です。自分がリーダーの立場にいなければ、仕事にはやりがいを感じることができません。何事も一番が好

＊この人はどんな性格か？＊

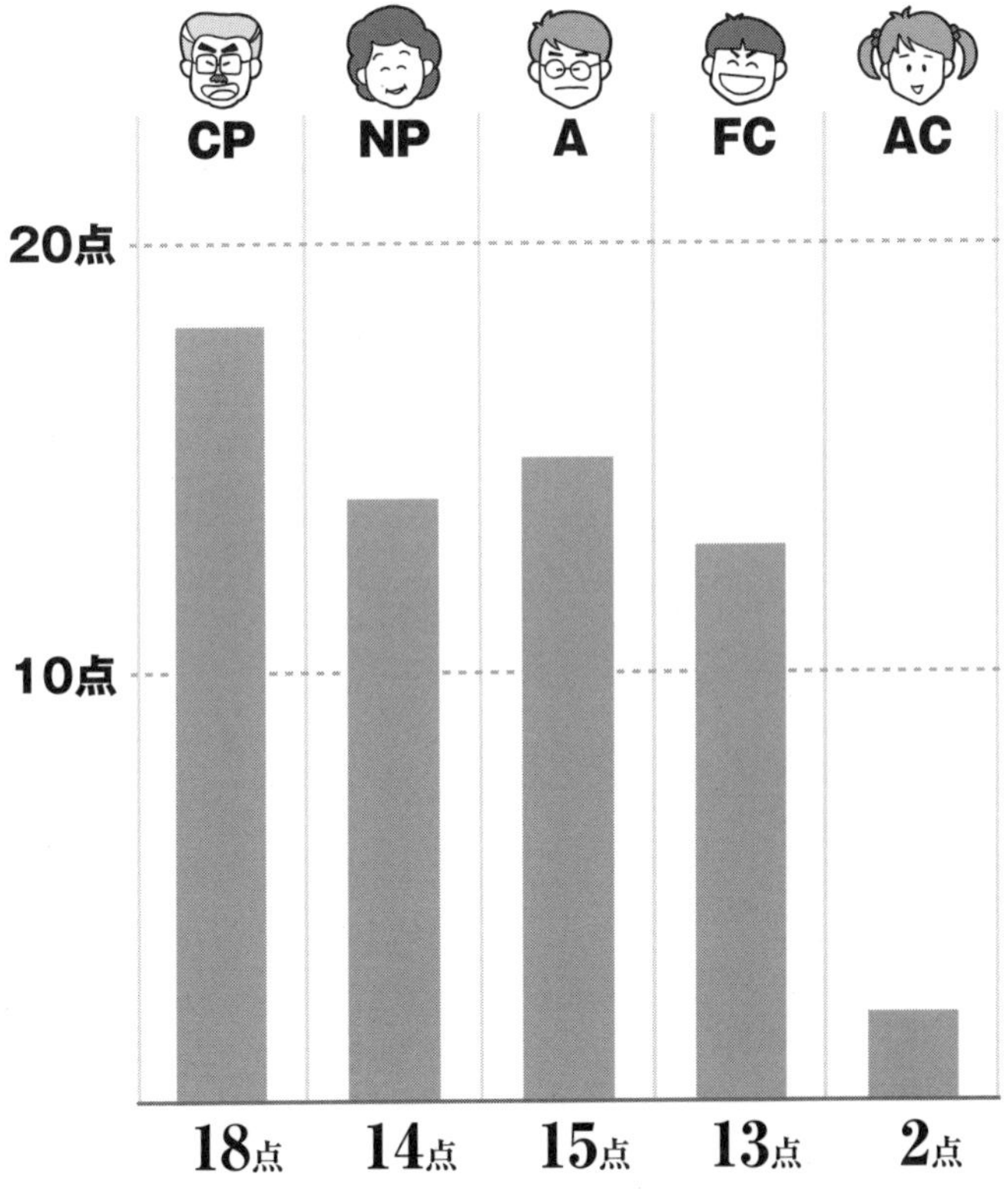
CP
NP
A
FC
AC
20点
10点
18点
14点
15点
13点
2点

きだからです。

さて、グラフから自分の弱点がわかったところで、次にその弱点を強化しましょう。

❷これがあなたの弱点を強化する方法だ

グラフで一番低い家族の持つ特徴があなたの弱点で、今のあなたに不足している点と言ってよいでしょう。そこを強化し、高めていくことで、性格のバランスがとれるようになります。

心のエネルギーの量は決まっています。ですから、低いところを高くすれば、高いところは自然と低くなり、バランスがとれるようになります。

次に、誰でも簡単に挑戦できる弱点強化策を見てみましょう。

①「頑固おやじ」の要素を高くする方法

「私は〜と思う」、「〜は好き」、「〜は嫌い」など、自分の考えをはっきり言うようにします。

そして、自分が決めたことは最後まできちんとやり遂げましょう。良いと思ったことは他人に遠慮せず、何か一つでも最後まで譲らないようにします。

②「やさしいお母さん」の要素を高くする方法

「〜があなたの良い点ですね」、「よくできたね」など、相手の良い点を見つけて褒めるようにします。他人に関心を持ち、思いやりの気持ちを持って接しましょう。親睦会などの世話役を引き受けてみるのもよいでしょう。

③「冷静なお兄さん」の要素を高くする方法

「いつ、誰が、どうした」など、事実に基づき「5W1H」的な会話をするように心がけます。そして、物事の背景や状況を観察し分析します。

たとえば、問題にぶつかったら、その原因は何か、今の状況はどうか、どうすれば解決できるかなど、問題の全体を見て考えるようにします。

④「やんちゃ坊主」の要素を高くする方法

「わぁ〜！」、「やったぁ〜！」、「すご〜い！」など、努めて明るく楽しい雰囲気で話します。

思い切って大勢の仲間に加わり、楽しい話や冗談で周囲を喜ばせてみましょう。失敗を恐れずチャレンジ精神を持つことが大切です。自分の直感を信じて行動してみましょう。

⑤「いい子ブリッ子」の要素を高くする方法

「申し訳ありませんが〜」、「これは〜でしょうか」など、周囲の反応を和らげる言い方をしましょう。相手の気持ちを優先し、遠慮や妥協をしてみることです。自分では何もやらないで、他人の手を借りるようにします。話すときは聞き手にまわり、相手を尊重しましょう。

いかがですか？　どれもちょっとした努力で、すぐにでも実践できる簡単な方法ですね。毎日少しずつでも意識してチャレンジしてみてはどうでしょうか？　そうすれば自分の弱点が強化され、苦手な人に対して苦手意識を持つことなく接することができるようになります。

また、こうした努力を続けることで、やがてその時々に必要な家族の特徴を出せるようになり、どんな人とも自然に接することができるようになります。

*Section*4

自分の人生の台本を見てみよう。あなたの人間関係トラウマは？

❶幼児期に備わった人間関係トラウマの種類と内容

私たちは生まれてから小学校に入る頃までに、さまざまな出来事や体験を通して、その人なりのものの見方を身につけます。それは何かあるごとに表われ、その人の「結論」となっています。その結論は大きく次の四つに分類できます。

表のように、人は自分や他人に関して四つの結論を持っていますが、それぞれの内容は次のとおりです。

①I am OK, You are OK……自己肯定・他者肯定

自他ともに肯定的です。自分の感情をありのままに示すことができる一方で、他人の感情も素直に受け入れられます。

＊四つの人間関係トラウマ＊

① **I am OK, You are OK** **自己肯定・他者肯定** 私にとって 私はOKである。 あなたもOKである。	② **I am not OK, You are OK** **自己否定・他者肯定** 私にとって 私はOKでない。 あなたはOKである。
③ **I am OK, You are not OK** **自己肯定・他者否定** 私にとって 私はOKである。 あなたはOKでない。	④ **I am not OK, You are not OK** **自己否定・他者否定** 私にとって 私はOKでない。 あなたもOKでない。

OKである…よくやっている、優れている、正しい、楽しいなどプラスの意味
OKでない…できない、劣っている、弱い、つまらないなどマイナスの意味

開放的で、他人との関わりを大切にし、他人と仲良く接することができます。

【他人との関わり方の特徴】

相手にありのままの自分を知ってもらいたいと考えます。他人とは常に平等であると感じ、そのように接します。他人との相違点が出た場合は、原因を明確にし、お互いに解決しようと努力します。

②　I am not OK, You are OK……自己否定・他者肯定

自己否定的で、自分に自信が持てず、心配・後悔・不安など、マイナスの感情を強く持ちます。自分を守るために問題から逃げてしまうこともあります。一方、他者に対しては肯定的なので、他人を頼りにします。

【他人との関わり方の特徴】

自分に自信が持てず、自分を守るために自己弁解の態度をとりやすいと言えます。他人より自分が劣っていると感じ、他人との相違点が出た場合は、自分が間違っていて相手が

正しいと感じてしまいます。劣等感を持ちやすく、他人には消極的な接し方をします。

③ I am OK, You are not OK……自己肯定・他者否定

自己肯定的で自分に自信があるため、攻撃的な面があり、嫌悪感・優越感などの感情を強く持ちます。一方、他者には否定的なので、他人より自分の方が優れていると感じています。問題解決では、自分を守るために一方的に他人の考えを否定したり、責めたり、排除したりしがちです。

【他人との関わり方の特徴】

自分に自信があるため他人を支配しようとしたり、自分と合わないと排除しようとしたがります。他人との相違点が出た場合は、原因はどうあれ、一方的に他人を責めたり、他人の考えを否定します。自分の方が優れていると思っているので、常に他人より優位に立つような接し方をします。

④ I am not OK, You are not OK……自己否定・他者否定

自他ともに否定的で、落胆・恐怖・敗北・絶望などの感情を強く持ちます。自分に自信がなく他人も信用できずに、引きこもりがちです。問題解決に直面すると、それに圧倒され、何をどうしたらよいのか考えられません。自分の存在意義すら無意味に感じてしまいます。

【他人との関わり方の特徴】

自分に自信がないため自分の意見が言えません。自分で自分の存在の必要性を認められないため疎外感を感じます。また、他人を信用できないため、他人と関わりを持つことを苦痛に感じがちです。自分の感情を表に出さない一方で、疎外感から他人に敵意を持つことがあります。この状態が続くと、引きこもりや神経症など、心の病につながることもあります。

このように、幼児期に身につけた人間関係トラウマには四つの種類がありますが、これらは無意識に私たちの行動・言動・思考に関わってきます。

たとえば、③I am OK, You are not OK（自己肯定・他者否定）のトラウマを身につけた上司と部下がいたとします。そして、上司が部下に書類の作成を頼んだところ、部下は提出期限ぎりぎりに提出してきました。さて、このとき、上司と部下はどのような接し方をすると思いますか？　それはこんな具合です。

部下：「やっとできました」（とりあえず間に合ってよかった……）

上司：「こんなぎりぎりに提出されても内容を確認できないじゃないか！　まったく。ふつうは提出期限ぎりぎりになんかに持ってこないぞ！」（やっぱり、こいつはできないやつだ。重要な仕事はまかせられないな……）

部下：「すみません」（何だよ！　指示された期限に間に合ったんだから文句言うなよ。偉そうに……）

このようなやりとりを経験したことはありませんか？

部下は口では謝罪していますが、心の中では納得していません。それどころか反感を持っています。両者のトラウマがI am OK, You are not OKなので、お互いに自分のことは認めるものの、相手を許しません。

ちなみに、「そうか、そうだよな。やっぱり早めに提出するようにしておけば良かったな。また怒られてしまった。自分には能力ないのかな……」などと感じたら、その人は、②のI am not OK, You are OK（自己否定・他者肯定）のパターンを身につけていると言えます。

このように、日常的な出来事の中で感じる傾向こそが、その人のトラウマとなっているのです。

そして、人はいろいろな場面に遭遇するたびに、無意識のうちに自分のトラウマを〝自分はやっぱりそうだな……〟と強化しているのです。実は、不思議なことに、自分のトラウマを感じているときに安心できたりします。それは、幼児期より慣れ親しんだ感情だからです。

❷自分の人間関係トラウマ探し

人には四種類の人間関係トラウマがあるわけですが、あなたはどのトラウマを身につけているでしょうか。ここで探してみましょう。そして、自分のトラウマに気づくことで、

I am OK, You are OKという自己肯定・他者肯定のものの見方を身につけましょう。

一度しかない人生です。ここであなたのトラウマを良い台本に書き換えましょう。それではさっそく、自分の人間関係トラウマ探しです。

次のようなとき、あなたの気持ちに一番近いのはどれでしょうか?

今日は友人と出かけることになっていました。ところが、今日に限って寝坊してしまい、待ち合わせの時間に一〇分遅れてしまいました。友人は少し不機嫌です。さてあなたは?

①待たせてしまって悪かったな。次回は気をつけないといけないな。今回はちゃんと謝ればきっとわかってくれる。
②どうしよう。もしかしたら、私のこと嫌いになっちゃうかも……。
③遅れたのは悪いけど、しかたないじゃん。たった一〇分遅れただけだし……。
④どうしよう。やっぱり出かけるなんて約束しなければよかった。あぁ、帰りたい……。

どうですか?　同じ出来事に遭遇しても、このように感じ方は人それぞれですね。

①が一番近いタイプは、I am OK, You are OKを身につけています。〝遅れて待たせた〟という事実を認め、素直に謝罪でき、なおかつ相手を信用しています。

②が一番近いタイプは、I am not OK, You are OKを身につけています。自分に自信がなく、相手に嫌われることばかり心配しています。

③が一番近いタイプは、I am OK, You are not OKを身につけています。常に自分が正しいと思っているため、たとえ自分がミスしたとしても、それを素直に認めることができません。自分の非を認めることが、相手に対して「負ける」と思ってしまいます。

④が一番近いタイプは、I am not OK, You are not OKを身につけています。自分に自信がなく、相手を信用することもできないため、どのようにしたらよいのかわからなくなってしまい、そのため、その場から逃げたくなってしまいます。

さて、あなたはどのタイプに一番近いですか？

一番良いのは、①のI am OK, You are OKです。

すでに、このI am OK, You are OKを身につけていればよいのですが、もしあなたがそれ以外のタイプであっても気落ちすることはありません。しかるべき対策を講じればよいのです。

結果が、I am OK, You are OK以外だったら、次に紹介する対策を試してみましょう。

❸あなたの人間関係トラウマはこうして解除しよう

あなたの人間関係トラウマを①のI am OK, You are OKにするには、次の方法があります。

【あなたが②のI am not OK, You are OKの場合】

どんな小さなことでもかまいません。自分から積極的に人の輪に加わり、何かを一緒に協力しながらやり遂げることで、少しずつ自分に自信をつけ、〝私もやればできる〟という感覚を身につけましょう。そして、何かをやり遂げたときには自分を褒めてあげましょう。

もし失敗しても気にすることはありません。誰にでも、得意なことと不得意なことがあります。決してあなただけが失敗するわけではありません。

【あなたが③のI am OK, You are not OKの場合】

自分は常に正しいという考え方はやめましょう。誰にでも間違えることはあるし、助けてもらわなければできないこともあります。謙虚な気持ちで、相手の立場で物事を考えるようにしてみましょう。人に頼むことや助けてもらうことを「負け」ではなく、「お互い様」と思うようにしましょう。

【あなたが④のI am not OK, You are not OKの場合】

小さなことでかまいませんから、自分の良いところを見つけてみましょう。人は誰にでも必ず良いところがあります。まずは、自分の良いところを見つけて自分の存在を認めてあげましょう。

人は決して一人では生きられないから他人と関わりを持つのです。世の中には自分と合わない人ばかりがいるのではありません。きっと自分の良さをわかってくれる人もいるはずです。ただ、それに気がついていないだけです。勇気を持って人と接してみましょう。そして、一緒に笑う楽しさを知りましょう。

どうですか？　どの対策も決して複雑なものではありません。とてもシンプルで、あなたがちょっとだけ意識すればできることばかりです。

実は、この人間関係トラウマは心の中の五人の家族とも関係しています。エゴグラムで〝頑固おやじ（父）〟や〝やんちゃ坊主（弟）〟が高い人は自己肯定傾向にあり、〝やさしいお母さん（母）〟や〝いい子ブリッ子（妹）〟が高い人は他者肯定傾向にあります。それぞれバランスをとり、ＴＰＯに合わせて五人家族の特徴を出せるようにすることで、どんな性格の人とでも、上手に接することができるようになります。

自分の心の中の五人家族を知り、そして陥りやすい人間関係パターン（人間関係トラウマ）を知ることで、自分の得意とする人と苦手とする人のパターンがわかってきます。

I am OK, You are OKの考え方・感じ方ができるように、常に意識することです。そうしていくうちに、自然とあなたの人生の台本は書き換えられていきます。

今の自分を知り、まずはそれを素直に受け入れましょう。それが人間関係改善の第一歩なのです。

第2章　交流分析で相手を知ろう

～相手を分析すれば、相手も気づいていない相手を発見できる～

相手の心の「五人家族」との付き合い方

❶言い方の癖や行動例で相手のエゴグラムを作成しよう（相手を知る）

相手を分析するには、先に見たエゴグラムチェックテストをすればよいのですが、相手がエゴグラムチェックテストを受けてくれるかどうかはわかりません。むしろ、受けてくれないことの方が多いでしょう。

そこで、相手の言い方の癖や行動例で、相手のエゴグラムを作成してみましょう。

作成するにあたって、心の中の五人家族の特徴を思い出してください。

次表に五人家族それぞれの言い方の癖や行動例を示しますので、これを参考にしながらエゴグラムを作ってみましょう。

＊それぞれの家族の特徴をつかもう＊

キャラクター	話し方の特徴	雰囲気の特徴	行動の特徴
ガミガミ頑固おやじ 	●～すべきだ ●普通は～だ ●良い･悪い ●～した方がよい ●～するのが当然だ	●批判的 ●厳格 ●道徳的 ●倫理的 ●威圧的 ●恐い ●正義感 ●厳しい	相手のミスや欠点を追及 部下や年下を厳しく指導 無責任な行動をとがめる 自分は常に正しいと考える 自分の価値観で判断する
やさしいお母さん 	●なぐさめる言葉 ●やさしい言葉 ●相手を元気にする言葉 ●相手を尊重する言葉	●やさしい ●おだやか ●世話好き ●理解的 ●相手がホッとする ●甘えられる	他人の世話を焼くのが好き ボランティア活動が好き 相手の失敗やミスに寛大 人からホッとすると言われる 褒め上手、なぐさめ上手
冷静なお兄さん 	●5W1H的な話し方 ●適切な言葉 ●私の考えは～です ●常に冷静な言葉 ●データ重視	●冷静沈着 ●知的 ●理性的 ●冷たい ●事実や現実重視 ●損得で考える	事実を重視し、検討する 情報を集め、冷静に判断 計画性があり、効率的である 話をするとき、データや数字を使い理論的である
やんちゃ坊主 	●やった～･ワーイ ●したい･したくない ●ほしい･ほしくない ●自由な表現 ●思ったことそのまま	●好奇心旺盛 ●わがまま ●自分の感情を素直に表現する ●天真爛漫	宴会等での盛り上げ役 喜怒哀楽を素直に表す 直感で行動･創造的 自己中心的発想や態度 そのときの気分のままに行動
いい子ブリッ子 	●従順な言葉 ●イヤなことをイヤと言えない ●じれったい話し方 ●はっきり言わない	●おとなしい ●素直 ●消極的 ●依存的 ●恥ずかしがる ●すねる ●ねたむ ●自信喪失	他人に合わせてしまう その場で言えず後悔する 他人の顔色や言い方を気にする 自分の評価が気になる

まずは、分析したい相手のふだんの話し方や雰囲気・行動を思い出してください。そして、表を参考にして、相手に一番近い家族を五人の中から見つけます。その家族が、相手の一番高い部分で、何かあったときに相手が最初にとる行動の特徴です。

次に、一番相手にあてはまらないと思う家族を見つけます。その家族が一番低い部分で、相手の最も苦手とする行動の特徴です。

一番高い部分と一番低い部分が見つかったら、あとは二番目に近い部分と二番目にあてはまらない部分というように順番づけをします。点数の高さは、相手のパワー、勢いで見ます。パワーや勢いを感じる場合は全体的に点数を高くし、あまりパワーを感じられない場合は点数を低くします。しかし、大切なのはパワーや勢いよりも相手のエゴグラムの「形」です。要するに、どの部分が高く、どの部分が低いかを知る、ということです。

たとえば次のような相手の場合は、どのようなエゴグラムになるでしょうか。

Aさんは、管理職として常に部下に対して命令口調で話をします。いつも自信満々で、異論をはさもうものならたちまち雷が落ちます。しかし、お酒の席では人が変わったかのように明るく振る舞い、みんなを笑わせます。また、会議中はしっかりデータを見ながら理論的に話をするため、説得力には定評があります。周囲の人がAさんに対して抱くイメージは、〝仕事中は怖い上司〟〝宴会時はおもしろい上司〟という感じです。

さて、こんなAさんのエゴグラムですが、〝常に命令口調〟と〝恐い〟という点を考えると「ガミガミ頑固おやじ」が一番高い部分になります。一方、あてはまらないと感じる家族の特徴は、「ガミガミ頑固おやじ」の逆である「いい子ブリッ子」となります。

次に二番目に高い家族は〝宴会時はおもしろい〟ということから「やんちゃ坊主」が該当します。五人の家族のうち、残っているのは「やさしいお母さん」と「冷静なお兄さん」ですが、会議時でデータを重視し理論的なところがあるので、お母さんよりはお兄さんの方が高いと思われます。この結果をグラフにしてみましょう。

Aさんのグラフは、次ページのような形になります。

相手を分析する際には、まずはこのようにして相手の特徴を知ることから始めます。

グラフの形はさまざまです。人によって感じ方が違うので、同じ人を分析しても違った形になることが多いものです。先ほどのAさんの例では、〝頑固おやじ〟が一番近いと感

＊Aさんのエゴグラム＊

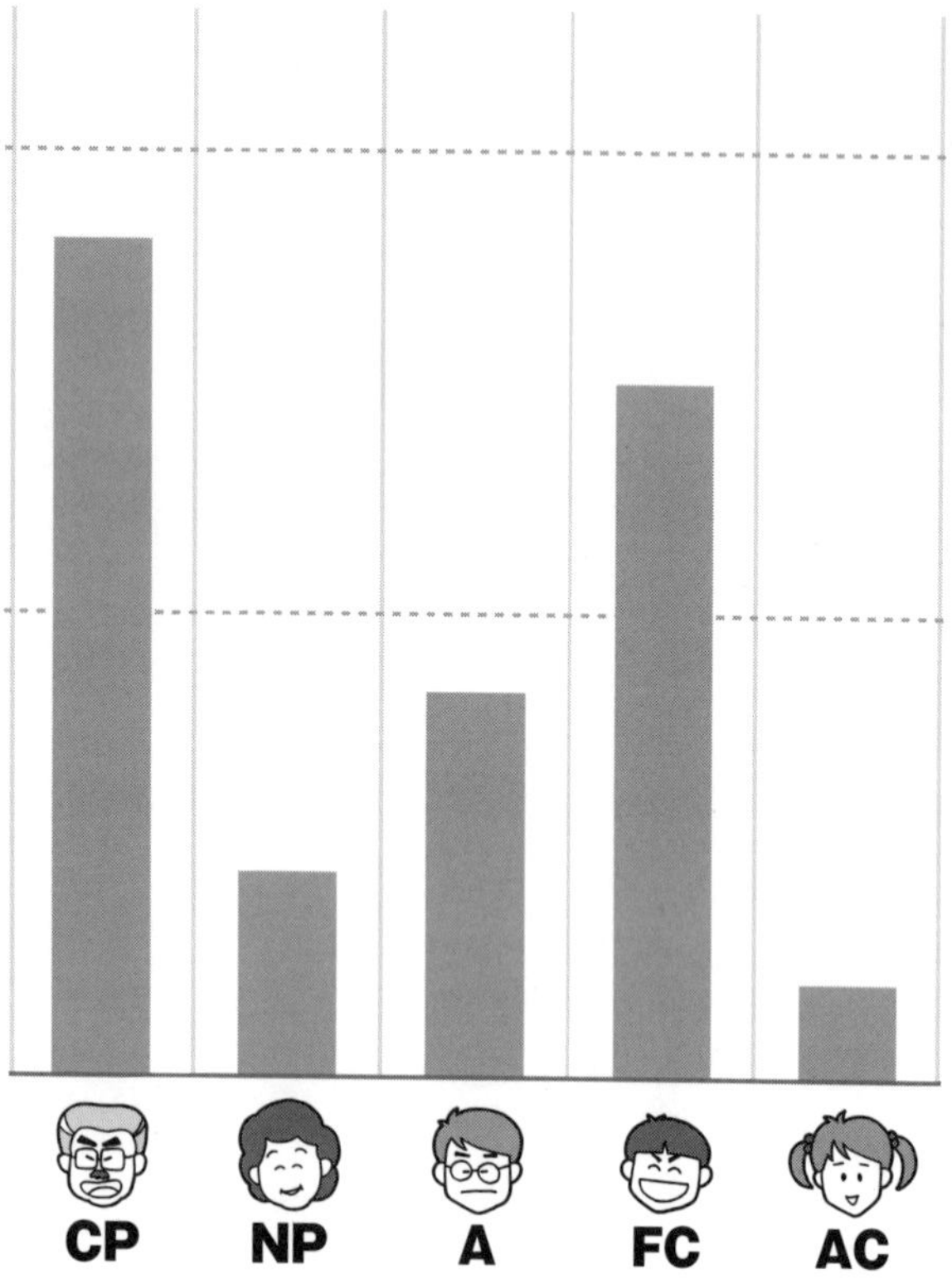

じる人もいれば、〝やんちゃ坊主〟が一番近いと感じる人もいます。また、五人家族の全員が同じ高さになることもあります。けれども、どの形が良い・悪いということはありません。

大切なのは、自分が感じる相手の一番高い家族を明確にすることで、自分が苦手とする相手の特徴がはっきりわかるようにすることです。苦手な原因を〝目に見える形〟にすることが、うまくいかない人間関係を改善する第一歩となります。

楽しみながらチャレンジしてみてはいかがでしょうか？　グラフの形が自分と同じような形になったら、イヤな相手でも意外と親近感を感じるかもしれません。

❷「人生ゲーム」に学ぶ、お互いに不快感が残る接し方

交流分析では、人の無意識の行動を「人生ゲーム」と呼んでいます。簡単に言うと「病名」のことですが、交流分析では、それぞれの症状（現象）にいろいろな病名（人生ゲーム）を割り当てています。

ここで言う「症状」とは、最終的にお互いに不快感が残るやりとりのことです。なぜ、

不快感が残るやりとりをしてしまうのかと言うと、それは第1章で述べたように、人は無意識のうちに自分のトラウマを立証しようとするからです。たとえば、職場でよくあるやりとりで、次のようなこと（症状）を経験したことはないでしょうか？

Aさんは備品担当をしています。上司である課長が、Aさんにパソコン購入の話を持ってきました。課長本人の分として一台追加購入したいとのことでした。既にこの課長は、F社の見積書をもらっていました。そして、「他社にも見積もらせて同じ機能なら、一番安価なものでいいからな。君にまかせるよ」とAさんに言いながら見積書を手渡しました。

Aさんはいろいろとパソコンを探し、課長から渡された見積書以外の数社で、より安価なパソコンを見つけました。そして、それらの見積書を携えて課長のところへ行きました。

Aさん「先日のパソコン購入の件ですが、この数社のパソコンならどれでも機能は同じで価格も安価です。どれにしたらいいでしょうか？」

課長「そうか、でもどれが一番良いのかな？」

Aさん「機能はすべて同じなので、あとは形とメーカーが違うだけですが」

課長「う～ん、でもこのどれを置いても、大きすぎる気がするんだよな」

Ａさん「どれも大差ないので、課長が探してくださったパソコンにしましょうか?」
課長「そうだな……。でも、どれも大差ないのであればなぁ……。君はどう思う?」
Ａさん「課長が使いたいと思われるもので良いのではないかと思いますが……」
課長「でもな……迷うな。担当者としての君の意見を聞いているんだよ」
Ａさん「それでは、Ｂ社のものがメーカーもしっかりしているので良いと思います」
課長「メーカーか……。でも、有名なのが一概に良いとは言えないからな……」
Ａさん「はぁ……」

結局は、メーカーを一社に絞って購入することになるのですが、Ａさんは、途中からはっきりしない課長に対してイライラしてきます。そしてＡさんの意見にことごとく反論するため困惑し、無力感に陥って沈黙してしまったり、ときには怒りを爆発させてしまうケースもあります。

課長はＡさんに対して、自分の考えは間違っていない、だから何も言わせない、という感情を心のどこかに持っています。これは自己肯定のトラウマです。表面的には穏やかな態度をとりながら、自分は正しくて相手が間違っているという、自己肯定的な感情が無意識のうちに働き、反抗的な姿勢を起こさせるのです。そして、Ａさんは担当者なのにしっかり仕事ができない部下なのだと感じ、お互いに不快な感情を残します。

これは交流分析の人生ゲームの一つで、ゲーム名を「はい・でもゲーム」と言います。ゲームの名称のとおり、相手の話を一度は受けて、すぐさま〝でも……〟と否定するゲームです。このやりとりを繰り返すことで、最終的に相手は〝一所懸命やったのに何なんだ〟と感じるか〝やっぱり、自分にはまとめる能力がないのかな〟と感じてしまいます。

この例では、まず課長がゲームを仕掛けますが、最初はAさんに自分の用意した見積書以外でもまかせると言って、中立な立場で話をします。

そして、Aさんは言われたとおり他社のパソコンを探し、課長の期待に沿えるようにと頑張ります。ここですんなり結論が出れば、お互いに何も不快な感情を残すようなことにはならないのですが、このゲームの場合はそうはいきません。

課長はAさんの話に対して、ことごとく反論します。それも明確な理由を示さずに。Aさんは、何でこうなるんだろう……、と理由がわからなくなってきます。

では、なぜ課長は反論したのでしょうか？　簡単に言ってしまうと、この課長のトラウマは「I am OK, You are not OK」です。ですから、最初は中立な態度で接することができても、すんなりAさんの言うとおりに行動することに不安を感じてきます。そして、自分の優位性を保っていられないと感じ、このトラウマを立証しようとしたのです。

このゲームの目的は、ゲームを仕掛ける人は解決策を求めるのではなく、相手を拒んで沈黙させたり困惑させることです。そして、「I am OK, You are not OK」を立証しようとします。こんなシーンは多くの職場で見られるのではないでしょうか。

ほかには、会議の場で大部分の人が賛成している意見に対して、最後まで何かしらの異論をはさむケースや、わざと相手の言葉に逆らって意地を通そうとするケースなどがこのゲームに該当しますが、多くの場合、「頑固おやじ」、「やんちゃ坊主」が一番高い人が仕掛けます。

人生ゲームには「はい・でもゲーム」以外のものもたくさんあります。そのうちの代表的なゲームをご紹介します。

何気なくかわす人とのやりとりで、最終的に不快感が残る場合、その多くはこれから示すゲームに乗ってしまったと考えてよいでしょう。

職場で見られるゲームには、こんなものがあります。

▼「キック・ミー（私を嫌ってくれ）」ゲーム

このゲームの特徴は、規則違反や失敗を重ね、罰せられたり、辞めさせられたり、相手の拒絶を誘うような言動を繰り返し、最後は孤立した状況になることです。

しかし本人は無意識に行なっているので、「何で自分は、いつもこんなことになってしまうんだろう」と後悔します。これは「I am not OK, You are OK」のトラウマを立証するために行なわれます。多くの場合、「いい子ブリッ子」が一番高い人が仕掛けます。

例：遅刻の常習犯、無断欠勤常習犯、勤務態度が悪い人
　非常識な行動や言動で職場を辞めさせられる人

▼「大騒ぎ」ゲーム

このゲームの特徴は、些細なことでも〝私だけを責める〟と大げさに騒ぎ、周囲の注目

や同情をひこうとしますが、最後は誰も信用してくれなくなることです。

これは「I am OK, You are not OK」のトラウマを立証するために行なわれます。多くの場合、「やんちゃ坊主」が一番高い人が仕掛けます。

例：ちょっと注意されたり指導されたりすると、大げさに「私だけを責める」と騒ぎ立てる人

職場の不満を大げさに騒ぎたてる割には、改善する努力をしようとしない人

▼「とっちめてやるぞこの野郎」ゲーム

このゲームの特徴は、相手の小さな誤りや失敗を探して、それをもとに鬱積していた怒りを発散し、相手をとことんやり込めることです。自分が優位に立とうとするゲームと言えます。

これは「I am OK, You are not OK」のトラウマを立証するために行なわれます。多くの場合、「頑固おやじ」が一番高い人が仕掛けます。

例：因縁をつけたり、人のあげ足をとる人

人をつるし上げるようなやり方をする人

▼「あなたのせいでこうなった」ゲーム

このゲームの特徴は、自分の失敗を認めないで相手に責任を転嫁し、結果的には相手に罪悪感を抱かせてしまうことです。何かの問題で結果がうまくいったときは相手を褒めますが、うまくいかなかった場合は「あなたのせいで……」と相手を責め、何事にも批判的になります。

これは「I am OK, You are not OK」のトラウマを立証するために行なわれます。多くの場合、「頑固おやじ」や「やんちゃ坊主」が一番高い人が仕掛けます。

例：自分の失敗を注意されると、かえって相手に食ってかかったり恨んだりする人
最初は部下のプランに全面的に賛成しておきながら、結果が悪いと、その部下を徹底的に責める上司

▼「苦労性」ゲーム

このゲームの特徴は、みんなに喜んでもらいたいと自分を駆り立てて、何事も引き受け

て一所懸命励みますが、そのために疲労困憊し、最後はみんなに迷惑をかけ、ひんしゅくを買ってしまうことです。

これは「I am not OK, You are OK」のトラウマを立証するために行なわれます。

多くの場合、「やさしいお母さん」が一番高い人が仕掛けます。

例：自分の力量以上の仕事を引き受け、未処理のものは家に持ち帰ってまでやるものの、そのうち心身の疲労から病を引き起こしてしまうような人

物事に熱中すると度をこえて深入りするものの、最終的にはまとめきれず、急遽他人の援助を求めてしまうような人

計画倒れになりやすい人

いかがですか。あなたのまわりにも、こんな人の一人や二人はいるのではないでしょうか。

職場には、いろいろな生い立ちによる、それぞれのトラウマを身につけた人が集まっています。そして、日々それぞれのトラウマを立証するために、いろいろなゲームが繰り広

げられています。そして、多くのゲームが展開されることによって、人間関係がうまくいかなくなったり、最悪の場合、精神的な病に倒れてしまうこともあります。

ゲームに振り回されないようにするには、自分のトラウマを立証するのではなく、相手のトラウマ（41ページ参照）を四つの中から発見することが大切です。

相手は無意識のうちに、ゲームによって自分のトラウマを立証しようとしているので、自分の方が先回りして相手の出方を読み、相手のトラウマに合った接し方をすることでお互いに不快感を残さずにすむようになります。

では、相手のトラウマごとにあった接し方をするためには、どうすればよいのでしょうか？

このことを理解する前に、まずはどのようなトラウマがあるか見てみましょう。

Section2

相手のトラウマ探し

❶相手はどのトラウマを持っているか

先述したように、人は成長する過程でトラウマを身につけるわけですが、どのような幼児期の過去がトラウマの原因になるのでしょうか。

自分のトラウマの原因を知ることができれば、これも運命だから、などとあきらめていた自分を変えることができます。また、相手のトラウマを見つけてその原因を知れば、なぜ相手が不快感が残るような行動や発言をするのかがわかるようになります。それがわかれば、人間関係を改善することができます。

トラウマは五つあります。それぞれの特徴と原因について見てみましょう。子供の頃を思い出しながら読んでみてください。

①「完全であれ」というトラウマ

何かをするときに、親から「完全にやりなさい」、「完璧にやりなさい」などと言われた子供は、大人になっても「完全にやらなければいけない」、「完璧にしなければいけない」と感じ、他人にも完全さや完璧さを求めます。また、他人に良く思われたい、いい格好を見せたいと思っています。

②「一所懸命にやれ」というトラウマ

親から「何事も一所懸命努力しなさい」などとよく言われた子供は、大人になっても「何事も努力しなければいけない」、「頑張らないといけない」と感じ、結果は二の次で努力さえすれば認められると信じています。

③「他人を喜ばせよ」というトラウマ

親から「人に喜ばれるようにしなさい」、「手伝いをして親を喜ばせなさい」などとよく言われた子供は、大人になっても他人には優しく、喜んでもらえるように行動しますが、他人が自分を喜ばせるのも当然のことだと思っています。また、他人のことを気にしすぎて自分を犠牲にしてまで他人に尽くしてしまいます。

④「強くあれ」というトラウマ

親から「些細なことで泣かないの！」、「そのくらい我慢しなさい！」などとよく言われた子供は、大人になっても喜怒哀楽を表に出せなくなってしまいます。自分の素直な感情を表に出さないように努め、他人に弱みを見せられません。他人からとやかく言われないように、常に強い自分でいなければならないと感じています。

⑤「急げ」というトラウマ

親から「急ぎなさい」、「早くしなさい」などとよく言われた子供は、大人になってもいつもセカセカしています。じっと静かに待つということが苦手です。何かしていないと気が落ち着きません。早めに何でも仕事をこなしますが、じっくり検討する時間を惜しむため、中途半端になりがちです。せっかちな人の多くが、このトラウマを身につけています。

このように幼児期の環境によって身につけられたトラウマは五種類ありますが、あなたにも当てはまるトラウマがあったと思います。ほとんどの人は、五種類のうち、どれかのトラウマを知らず知らずに身につけています。そして、そのトラウマを大人になってからも無意識に立証しようとし、トラウマを立証できたときが一番居心地よく感じてしまうのです。

このトラウマの説明で、大人になってからの状況に一番近いものが、自分や相手のトラウマです。トラウマの背景を考えれば、一概に相手が悪いとは思わなくなります。「もしかしたら、こんな幼児期を過ごしたのかも……」と考えられるようになりませんか？

頭ごなしに自分の言い分を通す上司は、「強くあれ」のトラウマです。弱みを見せまいとするために頭ごなしに言うのです。また、何でも引き受けておきながら最終的に自分だけでは手に負えなくなり、他人をまきこんでしまう人は「人を喜ばせよ」のトラウマを身につけています。そんな人は、相手から「助かったよ、ありがとう」と言われることで安心し、その瞬間が一番居心地が良いと感じます。しかし、力量以上に引き受けてしまうことが多いため、最後は結局、人に頼ることになってしまいます。

人は好んでトラウマを身につけるわけではありません。育った過程で、自分を守るために知らず知らずに身につけてしまうのです。まずは、身につけてしまったトラウマに気づくことが大切です。そしてトラウマの原因を見つけ、それを克服すればよいのです。

❷相手が身につけているトラウマごとの接し方

相手のトラウマがわかったら、今度はどのように接すればお互いに不快な感情を残さずにすむようになるか、です。五つのトラウマに対する接し方を見てみましょう。

①「完全であれ」というトラウマの人には

このタイプは自分に完全性を求めてしまうので、ありのままの自分を出せません。そこで、このトラウマを身につけている人には、常に「ありのままのあなたでよいのです。完全なあなたでなくても、あなたの存在を認めますよ」という気持ちで接してみましょう。

たとえば、いつも自分は正しいと思って命令口調で話をする上司がいたとします。そんな上司と言えども人間です。間違いやミスもします。もし、上司がミスをして、自分に落ち度があることを認めず、あなたのミスのように責め始めたら、あなたはどう接すればよいのでしょうか？

まずは、「完全であれ」のトラウマが出てきたと察し、自分も気がまわらず事前にミスを防げなかったことについて謝罪しましょう。そして相手を立ててください。たとえば、こんなふうに言うのです。

「すみませんでした。勉強不足でした。また何かあったらご指導ください」

相手も先に謝罪されたら、それ以上は責められません。そして自分を立ててくれる相手に対して、自分にも多少は非があったのだし、ちょっと言い過ぎたかな……と冷静に判断できるようになっていきます。一〇〇％完璧な人はいません。ですから、一〇〇％完璧なあなたでなくても私はあなたを認めていますよ、という態度で、相手を立てるように接すれば、相手の態度も変わってきます。

すると、自分をわかってくれるあなたには、ありのままの自分を見せても大丈夫なんだと安心し、少しずつ心を開いてくれるようになります。もし自分自身がこのトラウマだと思う人は、完璧な人間なんかいないのだから、五〇％の自分でも、八五％の自分でもいいから、ありのままの自分でいこう！　と少しずつトラウマを解除していきましょう。

②「一所懸命にやれ」というトラウマの人には

このタイプはまだまだ努力が足りない、もっと頑張らないと、と自分を追いつめます。

物事の結果は後回しで、過程に縛られてしまいます。たとえば、教育や学習に取り組む際には、深刻にならないと成果が上がらないとか、厳しくしなければ人は育たないなどという考えに固執し、まだまだ足りない、もっと頑張らせなければ、と結果よりプロセスに焦点を当ててしまいます。このようなトラウマを身につけている人には、相手の立場を認めた上で、こんな気持ちで接しましょう。

「物事は苦しまずにやっても、それが完成してうまくいけば、何も責められることはないのです。完成できるのなら、たまには息抜きも必要ですよ。そんなあなたでも軽蔑しません。ちゃんと認めていますから」

相手にはこのような気持ちで接しておき、あなたは物事の全体やポイントをしっかり把握するようにしましょう。そして息抜きをしながらでも、完成したときは感謝し、相手を立ててください。こんなふうに言えばよいのです。

「いろいろとたくさんの方法を教えていただき、とても勉強になりました。ありがとうございました。これからもよろしくお願いします」

相手は「息抜き＝努力を認められない」と感じているので、息抜きしながらでも結果を出し、その成果は相手の教え方がよかったから、というように相手を立てることが大切です。そうすれば、相手も息抜きしても結果を出せばいいのだ、と安心し、少しずつ硬さがとれていきます。もし自分がこのトラウマだと思う人は、結果が完成しさえすれば楽しんでいいんだ、他人と違った創造的な方法で取り組んでもいいんだ、と細かいことにあまり気をとられないで、物事の全体やポイントを見るようにしましょう。

食事のとき、細かいマナーにこだわるより、みんなで楽しく食べることの方が大切だと思いませんか?

③「他人を喜ばせよ」というトラウマの人には

このタイプは他人を優先するために自分の要求は後まわしにしてしまいます。自分が苦痛に感じる場合でさえも、相手の感情に気をつかってしまいます。

たとえば、仕事帰りにあなたが同僚を食事に誘ったとします。そして、同僚は普通にあなたと食事をすませて帰りました。ところが次の日、その同僚は体調不良で会社を休んでしまいました。まわりの人に聞いたところ、その同僚はここ一週間残業続きで帰りがいつも深夜近くといった状況で、やっと早く帰れる日にたまたま誘われたので無理して食事に行ったと知りました。もしあなたが「他人を喜ばせよ」のトラウマの人だったら、自分のせいで同僚が体調不良を起こしたと気に病みます。

このトラウマを身につけている人には、「自分の感情を優先しても、あなたを嫌いになりませんよ」という気持ちで接してみましょう。

あなたは、相手が自分の感情を優先しても、あなたを嫌いになりませんから、といった感じを全面に出すようにしましょう。こんなふうに言えばよいのです。

「もし今日がダメでも、近いうちに絶対に行きましょうね。楽しみにしてるから」

相手も、自分の感情を優先しても大丈夫なんだ、と安心すれば、少しずつ本当の自分の感情を表現できるようになります。この人は気をつかうからな、とあなたが先回りして代替案を出せば、相手は今回はＮＯでも次があるから、と安心します。

もし自分がこのトラウマだと思う人は、他人の期待に沿うこと、良く思われることばかりに気をつかっていると、いつの日かストレスがたまり、心身の健康を保つことができなくなってしまうことを知りましょう。他人に尽くすこと以外に、自分の感情に素直になるよう心掛けましょう。勇気を持って、少しずつトラウマを解除していきましょう。

④「強くあれ」というトラウマの人には

このタイプは「男の子はすぐに泣かないの！」といった子供時代の教えにとらわれて、自然な感情を表に出せない人です。たとえば、熱でフラフラしているような体調でも、何でもないような態度で強がって見せたりします。このトラウマを身につけている人には、「無理して強く見せなくてもいいのです。自分の感情を素直に受け入れ、オープンに表現してかまいません。決しておかしいなんて思いませんから」といった気持ちで接してみましょう。体調がすぐれない人には、こんなふうに言ってあげましょう。

「誰でも体調を悪くします。お互い様なので無理しないでください」

強く見せるためには、辛い・痛い・泣きたいといった自然な感情を表に出せませんが、自分の弱みを出しても大丈夫なんだ、と安心すれば、少しずつそのときの感情を表現できるようになります。あなただけ弱みを持っているわけではなく、誰にでも弱みの一つや二つはあるのだから、あなたも無理する必要ないのです、と安心させてあげましょう。

もし自分がこのトラウマだと思う人は、無理して強く見せる必要はないと決め、自分の感情を表現してみましょう。泣きたいときは涙を流してもよいのです。辛いときは辛いと言ってよいのです。誰でも持っている自然な感情なのですから、何もおかしいことではありません。

⑤「急げ」というトラウマの人には

このタイプは物事をテキパキとやらなければ気が済まないものの、何かが不足しています。たとえば、何事も五分前には準備完了、突発的に何があってもいいように、をモットーにテキパキとこなしますが、どこか中途半端な仕上がりになってしまうような人です。このようなトラウマを身につけている人には「落ち着いてじっくりやっていいのです。遅いからと言って、あなたをダメだとは思いませんよ」という気持ちで接してみましょう。

「誰にでも、一日二四時間も時間があります。こなすだけではなく、内容も検討しながらやりましょう」

時間内に終えることができれば、無理して早くやらなくても、だらしない人間と思われないと安心すれば、少しずつ落ち着いて物事をやるようになります。中途半端な仕上がりで量をこなすことよりも、時間内でじっくり検討しながらミスを少なくすることの方が大切です。もし自分がこのトラウマだと思う人は、今までのように何度も時計を見て時間を気にしなくてもいいように、腕時計をはずして数日間過ごしてみましょう。

時間に追われているときには気づかなかった、いろいろな感情に気づくことが多くなります。急いで歩いているときには気づかなかった道端の小さな花を見つけて〝可愛い〟と感じることもあるでしょう。心が豊かになりますよ。

五つのトラウマの特徴とその克服法をご紹介しましたが、自分にも当てはまるトラウマがあれば、その特徴で相手に接していることになります。まずお互いのトラウマを見つけ、その特徴を思い出しながら接してみましょう。

自分の接し方を変えることで、相手は〝自分をわかってくれている〟と感じ、行動も変わっていきます。自分のトラウマを解除しながら、相手のトラウマも解除してしまいましょう。自分にも相手にも、安心感を与えればよいのです。

第3章　上司とうまくやっていく作戦は、こうして立てよう

～上司のタイプによって攻略のしかたを考えよう～

上司と気が合う・合わないとはどういうことか?

❶上司に対する「ありのままの自分」と「見られたい自分」とのギャップ

あなたは、「『ありのままの自分』と『見られたい自分』の違いは?」と聞かれて、すぐに答えることができますか?

上司に対する「ありのままの自分」と「見られたい自分」とのギャップが大きいほど、ストレスを強く感じます。

「ありのままの自分」とは、相手に受け入れてもらいたい自分です。一方、「見られたい自分」とは、飾っている自分です。たとえば、いくら苦手と思っている上司からであっても、頑張った仕事の成果を褒められたときはうれしいものです。それが「ありのままの自分」です。

でも、いつもまわりの人に「あの上司は苦手だから……」と言っている自分がいるため、褒められても素直にうれしさを表現できません。そして、「まったくあの上司は、口先だけなんだから……」などとまわりの人に言ったりしてしまいます。
それが「見られたい」自分です。本当は素直に「うれしい！」と言いたいのに、「見られたい自分」がいるため、それが言えません。このように、「見られたい自分」が「ありのままの自分」を抑えるときにストレスを感じるのです。

では、上司に対して素直に「ありがとうございます」と、なぜ言えないのでしょうか。それは恥ずかしいという気持ちが影響していることもあるでしょうが、実は〝上司には自分の弱みを見せたくない〟、〝部下である私のやることは上司から見て完璧でなくてはならない〟といったトラウマが「ありのままの自分」を出すことを邪魔しているからです。
弱みを見せたくない、認められたい、という感情は誰でも心の片隅に持っているものですが、このトラウマが、そうした「ありのままの自分」を出すことをさえぎっているのです。

ですから、まずは自分のありのままの感情を知ることが大切です。そのための簡単な方法は、相手に対して「～してくれない」と感じたとき、その言葉を「～してほしい」に変えてみることです。

「聞いてくれない」なら「聞いてほしい」、「気づかってくれない」なら「気づかってほしい」のようにです。そうすれば、自分が上司に対して持っている素直な感情に気づきます。

「～してくれない」と考えているばかりでは、現状は何も変わりません。ですから、「～してほしい」と言い換えてみて、少しずつでもありのままの自分を表現できるようにしましょう。どちらも同じ自分なのですから、できないことはありません。

「ありのままの自分」と「見られたい自分」とのギャップを小さくすればするほど、ストレスは軽減されます。

上司にもいろいろなタイプがいます。急にありのままの自分を表現しても、受け入れられない場合もあります。それは上司の身につけているトラウマによるものなのですが、すぐにそのトラウマを見つけるのが難しいこともあります。

そのような場合には、心の五人家族の特徴を利用して接してみることです。次に、その方法を紹介しましょう。

❷これが、上司と気が合う・合わないの判断基準

上司に対して気が合うと感じるのは、上司から自分の思っているような反応が返ってくるときです。

今、勤勉なあなたが、電車の事故の影響ではじめて遅刻してしまったとします。そして会社に着いて、上司に「事故があって遅れてしまいました。すみません」と告げました。

さて、ここで質問です。上司が次のように言ったら、あなたはどう感じますか？

「事故なら仕方ないな。遅刻したことのない君が遅れるくらいだから、よほどの事故だったんだろう」

このように言われれば、「私が思ったとおりだ。この上司は私のことをちゃんと理解してくれている」と思い、ホッとするのではないでしょうか。なぜなら、あなたの予想どおりに上司が対応したからです。こんなとき、あなたは「この上司とは気が合う」と感じます。

では、もし上司が次のように言ったら、どうでしょうか?

「何を考えているんだ! 何があっても大丈夫なように、早く家を出るのが常識だろ!」

さて、どうでしょうか。こんな言い方をされたらカチンときますね。「そんな言い方されるのは心外だわ。私は今まで遅刻なんてしたことがないのに」と思うのではないでしょうか?

その理由は、上司があなたの予想に反する反応を示したからです。そして、あなたは「この上司とは気が合わない」と感じるようになります。

もしあなたが、上司の反応を最初から的確に予想できていたら、たとえイヤなことを言われても、ダメージを小さくすることができます。そうすれば「気が合わない」と感じる度合も軽くなるはずです。

気が合う・合わないは、自分だけが感じるわけではありません。相手も自分と同じように感じるものです。ですから、事前に相手の反応が予想できれば、相手もあなたに対して気が合わないとは感じなくなります。

❸〝気が合う・合わない〟上司と自分の五人家族の関係

〝気が合う上司〟と感じるのは、自分の心の五人家族で一番高いタイプの「良い面」の特徴に当てはまる言動をする上司です。そして〝気が合わない上司〟と感じるのは、自分の心の家族で一番低いタイプの「悪い面」の特徴に当てはまる言動をする上司です。

たとえば、自分の一番高いタイプが〝頑固おやじ〟で、一番低いタイプが〝いい子ブリッ子〟だとしましょう。

〝気が合う上司〟と感じるのは、〝頑固おやじ〟の「良い面」に当てはまる、次のような行動・言動をする上司です。

・部下と平等に接してくれる
・正義感がある
・自分たち部下を守ってくれる責任感がある
・理想を掲げ、みんなを引っ張っていくリーダーシップがあるこのような、自分が描く上司像と同じタイプの上司に対しては気が合うと感じ、自分が期待する反応が返ってくることが多いため、違和感をおぼえません。

〝気が合わない上司〟と感じるのは〝いい子ブリッ子〟の「悪い面」に当てはまる、次のような言動をする上司です。

・部下に対して依存的である
・自信がないため、言いたいことをはっきり言わない
・何を考えているのかわからない

このような、自分の描く上司像と正反対のタイプの上司に対しては、「こんな頼りない上司はありえない」と思い、気が合わないと感じます。自分の期待する反応が返ってこないことが多いため、違和感をおぼえるのです。

このように〝気が合う・気が合わない〟上司と感じるのは、自分と上司の五人の高い家族（タイプ）の特徴に関係しています。お互いに高いタイプが同じなら、あまり問題には

ならないのですが、先の例のようにお互いの高いタイプが違うと、上司・部下間の人間関係がうまくいかなくなってきます。

しかし、職場ではいろいろなタイプの上司と、うまく仕事をしていかなければなりません。上司との間に違和感をおぼえ、ブツブツ文句を言いながら仕事をする職場は楽しくありません。そこで、それぞれ上司の心の家族の一番強いタイプごとの接し方を覚え、少しずつ違和感をなくしていきましょう。そして、自分にとって楽しい職場にしていきましょう。

自分の言動で上司を攻略する方法

基本的に多くの上司は、部下より優位に立っていたいと思っています。この点を踏まえた上で、事例を通じて上司の攻略法を見てみましょう。

事例

出勤時、ちょっとした電車の事故で遅刻してしまい、朝の打ち合わせに間に合いませんでした。どのように演じれば、上司の攻撃をかわせるでしょうか？

1 父主導型上司に対する攻略法

(言い訳しないで謝る)

このタイプの人は自分の価値観を曲げません。どんなときも自分は正しいと思い込んでいるからです。そして、他人に対して威圧的に振る舞うことで自分の優位性を保とうとします。そんな上司に向かって、いきなり言い訳をしても通じません。かえって反感を買うだけです。

ですから、「事故があって遅れてしまいました」などと切り出してはダメ。攻略のポイントは、素直に謝罪することです。

「遅刻してしまい、すみませんでした」と、遅刻した理由を言う前に謝ることが大切です。上司は遅刻した理由が知りたいのではなく、〝遅れて打ち合わせに間に合わなかった〟ことに対して怒りを感じるタイプなので、ズバリ、謝った者勝ち。最初に謝れば怒りも収まります。もし、雷が落ちたとしても、はじめから雷が落ちるだろうと予測できていれば心の準備をしておくことができます。

「いきなり謝るなんてイヤだな」などと考えたところで、何も変わりません。

先手必勝です。

【攻略法】上司が期待しているセリフを返せば、相手は「自分をわかってくれた」と感じます。ですから、あなたは「やさしいお母さんタイプ」に徹しましょう。父型タイプはお母さんタイプに弱いからです。「まったく！　朝からガミガミ……」と思っていてもストレスになるだけです。

「はいはい、威圧的に接することで優位性を保ってるんですね」と思えば、腹も立ちません。自分の思ったとおり、やっぱりこうきたか！　と予測して楽しみましょう。

このように、やさしい母を演じれば父型タイプの人を攻略できます。

☆ストレス発生会話例

部下：「電車が事故で遅れてしまい、遅刻してしまいました。申し訳ありませんでした」

上司：「何を考えているんだ！　何があっても大丈夫なように早く出てくるのが社会人として当たり前だろ！　だいたい君は……」

父主導型上司は、この部下の謝り方に対して〝言い訳して自分が悪くないとでも思っているのか！　会議の日に遅刻するなんて、自分の責任がわかっていない！〟と感じる傾向があります。あなたは、さんざんお小言を頂戴した後、突発的な事故なんだから何もそんな言い方しなくたって……ちゃんと謝っているのに……と、だんだんイライラしてきます。これでは、お互いにイヤな感情しか残りません。

☆攻略的な謝り方

「大事な会議に間に合わなくて、申し訳ありませんでした」と、会議に間に合わなかったことをまず謝ります。そうすれば、父主導型上司は〝言い訳〟とは思いません。

上司の攻撃をかわすポイント

仕事に対する責任感を前面に出す

2 母主導型上司に対する攻略法
（素直に謝り、心配性にストップをかける）

このタイプの人は、他人に対して思いやりがあり養育的です。部下を心配し、世話を焼くことで、自分の優位性を保とうとします。そんな上司は会議に遅れたことよりも、事故に遭ったあなたを心配します。

なんと言っても相手はお母さんですから、攻略法のポイントは「心配をおかけしてすみません」という気持ちで謝罪することです。

「事故で遅れてしまいご心配をかけました。すみませんでした」という言葉に上司は

「どこかケガでもしてなければいいのだけれど……大丈夫なのかな？」などと、まずはあなたのことを心配します。会議に間に合わなかったということは二の次に考えるタイプです。

【攻略法】 上司がこのタイプの場合、基本的にどのように対応しても、大きな感情のズレは生じません。ですから、あなたは素直に心配をかけてしまって申し訳なかったな……という気持ちで謝ればいいのです。しかし上司のペースに乗って事情や状況を話すと、上司はさらに心配し、ますます世話を焼きたくなり、事が大げさになる可能性大です。

途中で仕事モードに切り替えなくてはなりませんが、そのときには「冷静なお兄さん」に徹することです。

☆ストレス発生会話例

部下：「乗っていた電車が事故に遭い、私のまわりでは転んだ人などいて大変だったのです。私は少し頭をぶつけただけでしたが……」

上司：「大丈夫なのか？　頭をぶつけたのなら病院で診てもらった方がよいのでは？　心配だから、今日の仕事は誰かに任せて早く行ってこい」

部下：「いえいえ、ほんの少しぶつけただけなので大丈夫です」
上司：「そうか……でも心配だな。無理したらダメだぞ……」
部下：「はい、大丈夫です。すみませんでした」

このケースでは、上司は心配しながら世話を焼きたがっています。母主導型上司は、謝り方がどうあれ、「大丈夫なのかしら？　無理してるんじゃないかしら？」などと、心配性・世話焼き性を発揮する傾向があるからです。

すると、部下であるあなたは「大したことないのにくどくどと面倒くさいな」と、だんだんイライラしてきます。

☆攻略的な謝り方

「ご心配をおかけして、申し訳ありませんでした」と、上司に心配させてしまったことをまず謝ります。上司はいろいろと心配して聞いてきますが、あなたはそれに乗らずに冷静に対応し、「いろいろとありがとうございます。何ともないので仕事に戻ります」と世話焼きにストップをかけるようにします。

上司の攻撃をかわすポイント

謝罪後は冷静に仕事モードに切り替える

3 兄主導型上司に対する攻略法
（感情より事実を優先）

このタイプの上司は、感情より合理性や能率性を優先し、客観的で冷静に物事を考えるため、「電車の事故のため、会議に出席できず申し訳ありませんでした」と、「結果」を素直に謝罪することが必要です。いちいち状況などを説明しようとすると、「言い訳している時間が無駄だろ！」と考えるタイプです。「突発的な事故なら仕方がない。今さらダラダラ怒ったところで事態は変わらない。時間の無駄だ」と冷静に判断します。

攻略法のポイントは、余計な感情を入れずに、理論的に謝罪することです。情に訴えても無駄です。

「電車の事故があり（原因）、会議に間に合いませんでした（経過）。申し訳ありませんでした（結果）」と合理的・理論的に謝罪しましょう。

【攻略法】合理的で冷静な上司を攻略するためには、あなたも上司と同じキャラクターの「冷静なお兄さん」に徹すればよいのです。感情を交えずに、事実だけを重視すれば、お互いの考え方がズレることはありません。

難しく考えることはなく、〝５Ｗ１Ｈ〟的な話の組み立てをすればよいのです。

☆ストレス発生会話例

部下：「事故で遅れました。ご迷惑をおかけして申し訳ありませんでした」
上司：「わかった」

このように、兄主導型の上司は、冷静沈着・合理的・客観的に対応します。その際に、あなたが「お兄さん」以外のタイプで対応すると、ストレスを感じます。なぜなら「お兄さん」以外の家族には、感情的な要素が入っているからです。

もし感情を交えて対応すると、冷静沈着な上司の反応を見て、「私のことを心配してくれていないんだ」とか「私が会議にいなくてもよかったんだ。自分は必要とされているのかな？」などと感じてしまいます。

☆攻略的な謝り方

「電車の事故があり、会議に間に合いませんでした。申し訳ありませんでした」と事実を理論的に伝えることが大切です。このタイプの上司は最も時間を大切に考えるので、ダラダラ言い訳すれば、それだけ反感を買うことになります。

そんな上司も同じ人間です。心の中の「やさしいお母さん」であなたのことを心配します。誰にでも心の中には五人の家族が住んでいるのですから。

上司の攻撃をかわすポイント　**自分の感情は出さず、事実を効率よく伝える**

4 弟主導型上司に対する攻略法
(上司の気分に重点を置いて謝る)

このタイプの上司は好奇心旺盛で明るいのですが、自分の感情を優先させるため、そのときの気分次第で反応が違う場合があります。そんな上司には、自分の正当性を立証するために遅れた理由をダラダラ話しても通用しません。「何をウダウダと……面倒くさいな！」と思われてしまいます。

攻略法のポイントは、いったん素直に謝ることです。そして、上司の反応を見ながら対応していきます。


【攻略法】 上司がこのタイプの場合、機嫌が良いか悪いかで反応が異なってきます。

「会議に間に合わず、ご迷惑をかけてしまいました。またご心配をかけさせてすみませんでした」と両建てで謝罪し、様子を見ましょう。

機嫌が良いときは、「大丈夫か？　どんな状態だったんだ？」などと、事故に対して興味を持ち、好奇心旺盛な反応が返ってきますが、機嫌が悪いときは、「まったく！　事故だか何だか知らないけど、会議にちゃんといてくれないと困るじゃないか！」と、そのときの感情のままの反応が返ってきます。

どちらの場合でも「はいはい、わかりましたから……」の「やさしいお母さん」に徹することが無難ですが、上司が好奇心旺盛な場合は、あなたも同じように「やんちゃ坊主」を演じるのも悪くありません。

☆ストレス発生会話例

部下：「事故で会議に遅れてしまいました。すみませんでした」

機嫌が悪い上司：「そんなこと知らないよ。だいたい会議に遅れるなんて考えられないね！　まったく困ったもんだ……ブツブツ……」

弟主導型上司は、どのように謝ったところで、このようにそのときの機嫌によって反応が決まります。

機嫌が良い場合はそんなに感情のズレはありませんが、機嫌が悪いときは何をどう言ったところで変わりません。「ちゃんとした理由があるのだから……何もそんな言い方しなくても、こっちこそ考えられないよ！」と、売り言葉に買い言葉になる可能性大です。

☆攻略的な謝り方

「会議に間に合わなくご迷惑をかけてしまいました。またご心配をおかけしすみませんでした」と謝罪し、様子を見ましょう。

上司の機嫌が良く、事故に対して興味を持った場合は少し付き合ってあげましょう。

機嫌が悪く、その場の感情で返事をされた場合は、「はいはい、やんちゃ坊主で困ったちゃんなんだから……」と「やさしいお母さん」に徹して、言いたいことを一通り言わせましょう。言いたいだけ言ってしまったら上司の感情は収まります。嵐が過ぎるまで無駄な抵抗をしないのが得策です。

上司の攻撃をかわすポイント

上司の機嫌を見極め、無駄な抵抗はしない

5 妹主導型上司に対する攻略法（真摯に謝る）

このタイプの上司は自分の感情をあまり表に出さないため、うるさいことも言わなければ、攻撃的な態度も見せないかわりに何を考えているのかもわかりません。しかし、言いたいことをはっきり言えないだけで、心の中では不満をため込んでいるのです。

攻略法のポイントは真摯に謝ることです。

「事故で遅れてしまい、会議に間に合いませんでした。申し訳ありませんでした」と真摯に謝りましょう。ふだんはあまり存在感がない上司でも、上司は上司です。

【攻略法】言いたいことが言えない「いい子ブリッ子」の上司を攻略するためには、上司は上司と現実的に判断できる「冷静なお兄さん」に徹することです。

上司が何をどう思っているのかがわからない場合は、事実に対して真摯に対応するのが一番です。ふだん何も言わないからといって、軽く見てはいけません。言わないだけで、心の中には不満がたまっているのですから。上司を立ててあげることが大切です。

☆ストレス発生会話例

部下：「事故で遅れました。すみません」（どうせ怒りっこないけど、とりあえず謝っておけばいいか）

上司：「わかりました……」（本当に悪いと思っているのか？　まったく。私のことをバカにして……）

このタイプの上司は口ではっきり言いませんが、心の中ではカチンときています。ふだん何も言わないからと思って、いい加減な態度で謝っていると、上司にはそれがわかってしまいます。口に出してはっきり言えない分、不満をため込み、部下を無視したりして、反撃のチャンスを伺っています。つまり「根クラタイプ」なのです。

☆攻略的な謝り方

「事故で遅れてしまい、会議に間に合いませんでした。申し訳ありません」と真摯に謝ります。会議に間に合わなかったのは事実なので迷惑かけたな、ということを前面に出すのです。もし自分だったらこの言い方では腹が立つかな？　と客観的に考え、真摯に対応することでこのタイプの上司を攻略できます。

なぜなら自分に自信がないため、上司としての優位性を感じさせてあげれば、上司はうれしく感じるからです。

上司の攻撃をかわすポイント

上司に優位性を感じさせよう

職場にはいろいろなタイプの上司がいます。あなたの上司に当てはまる部分があれば、このような対応を実践してみてください。実践していくうちに自分の心もコントロールができるようになります。

そして、あなたが上司が期待する反応を返していくうちに、上司の言動にもきっと変化が表れます。それは、上司があなたのことを〝自分のことをわかってくれるように変わっ

上司編　部下編　同僚編

た〞と感じはじめ、少しずつ心を開いていく前兆です。

これが、上司と部下の人間関係改善の第一歩です。この手法を覚えれば、苦手と感じるタイプの上司でも〝この上司を攻略してみよう！〞と楽しみながら接することができるようになります。毎日「いやだな……」と思いながら職場に向かうより、「さて、今日はどんな方法で攻略しようか！」と職場に向かう方がよいと思いませんか？

ちょっと勇気を出して、演じることにチャレンジしてみましょう。

Section3

自分の行動で上司を攻略する方法

基本的に多くの上司は、部下は自分の言うとおりに動き、自分が部下に影響を与え、育てていると思っています。この点を踏まえた上で、事例を通じて上司の攻略法を見てみましょう。

事例

上司から、他の部署に提出する書類の作成を頼まれました。その書類は今までは上司が作成していたものなので、自分で作成する際に、よくわからないところが数ヵ所あります。しかし、明日中には提出しなければなりません。さて、どうしますか？

1 父主導型上司に対する攻略法
（確認しながら感謝の気持ちで上司を立てる）

このタイプの上司は、いいかげんなことが許せません。内容のミスはもとより、提出期限に間に合わないなんてことは絶対に許せないタイプです。ですから、期限は絶対に厳守しなくてはなりません。

また、「君を育てるためにやらせている」と思っているので、何も調べもせず、「ここがわかりません」などと言って空欄があるままで書類を提出しようものなら、雷が落ちてしまいます。

☆攻略のポイント

まずはわかる箇所から完成させ、わからない箇所については徹底的に調べます。それでもわからない場合は、一応自分なりの回答を見つけて空欄がないようにします。

大事なポイントは、書類を早めに提出すること。修正を求められても大丈夫なように、時間に余裕を持たせるということです。わからない箇所が間違っていて叱られても、「この上司は、今まで自分のやっていた仕事を自分にやらせてくれたのだ」と冷静に構え、すぐに修正して再提出しましょう。

どんなことがあっても期限厳守が何より一番です。間違いを指摘されたら、「知らなかった、一つ勉強になった」とプラスに考えれば、叱られても頭にきません。

2 母主導型上司に対する攻略法（素直に甘える）

このタイプの上司は、無理難題を言いません。提出期限は守らなければいけませんが「書類作成を頑張ってやってくれた」ことを評価します。

ですから、調べてもよくわからない箇所があったら、素直にそのことを伝えて提出しましょう。

☆攻略のポイント

わからなかったところは、素直に教えてくださいと甘えてしまいましょう。「君を育てるためにやらせている」という考えは父主導型上司と同じでも、期限厳守の完璧性は求めません。

「一所懸命やるだけのことはやった」という点を重要視します。ですから、変に身構えることなく、素直な気持ちで対応すればよいのです。

3 兄主導型上司に対する攻略法
（パターンをいくつか用意し、お伺いを立てる）

このタイプの上司は、仕事に自分の感情ははさみません。現実主義なので期限を厳守するのはもちろんのこと、空欄がある状態で提出すれば「何も調べずに……」と思います。

このタイプは、完成させるためにどうしたらよいかというプロセスを重要視します。

☆攻略のポイント

最初にわからない箇所があると伝えると、「どの点がわからないのか?」、「どの資料を参考にしたらよいと思うのか?」などと問われます。

ですから、内容を見てわからない箇所については、「どの部分のこういうところがわかりません。そこで、この資料とこの資料を参考にこういうふうに考えるのですが、それでよいでしょうか?」と事前にお伺いを立てた上でアドバイスを求め、完成させるのがベストの方法です。

4　弟主導型上司に対する攻略法（上司の言葉や行動に、ありのまま接する）

このタイプの上司は、そのときの機嫌によって反応が異なることがあります。ですから、まずは期限を厳守し、わからないところは調べ、できれば空欄のないようにして提出します。

このタイプの場合、「部下を育てるためにやらせている」場合と、「自分でやるのが面倒だからやらせている」ケースが考えられますが、それは提出時の反応で見分けて対処するしかありません。

☆攻略のポイント

「育てるためにやらせている」場合は、父主導型上司に近い反応が返ってきます。そして、そのときの感情をそのままぶつけてきます。「面倒だからやらせている」場合は、少し自分にも引け目があるので、たとえ間違っていても雷が落ちるまでには至りません。「調べたのですがよくわかりませんでした。すみません」と素直な対応をすれば、それ以上は責めてきません。機嫌がよいときは、「ありがとう。しかし面倒だっただろう?」などと本音をのぞかせるかもしれません。ただし、これは「やんちゃ坊主」の特徴なので、その言葉に甘えてはいけません。気にしないようにしましょう。このタイプの上司と言えども、あなたを信用して自分の仕事を任せたのですから。

5 妹主導型上司に対する攻略法
(自分なりに考えた理由を伝え、行動する)

このタイプの上司は、自分の感情を表に出さないため、何を考えているのかわかりません。ですから、期限に少しくらい間に合わなくても雷を落とすことはありませんが、内心では、部下に反抗心や敵対心を持つようになってしまいます。

ですから、期限はもとより、調べてもわからない箇所があったら、謝罪しながら提出しましょう。

☆攻略のポイント

このタイプの上司は言いたいことをはっきり言えないだけで、心の中では不満をためこんでいるため、「うるさいこと言わないから適当でいいや」などと軽く見てはいけません。不満が一杯になったとき、大きな爆発を起こしてしまいます。

ですから、いくら頼りなくても上司は上司と考え、立てるようにしましょう。〝ガミガミ頑固おやじ〟への対応と同じにすればよいのです。

まずはわかる箇所から完成させ、わからない箇所については徹底的に調べます。それでもわからない場合は、一応自分なりの回答を見つけ、空欄がないようにします。真摯に取り組むことで、口には出さなくても相手には誠意が伝わります。そして、上司も優位を保つことができるので、あなたに対してマイナスの感情を持たなくなります。

上司それぞれの高い家族（タイプ）の特徴をとらえ、上司のトラウマを配慮して接することで、今までうまくいかなかった関係が少しずつ改善されていきます。

上司攻略の共通のポイントは、自分の高い家族（タイプ）の特徴を全面的に出して接したり、身につけているトラウマを立証しようとするのではなく、あくまでも上司を攻略するために、自分が〝演じる〟ことです。自分の性格を直さなければ、と無理に思うから抵抗を感じてできなくなるのです。

「直す」のではなく、直ったように演じればよいのです。

演じているうちにそのパターンが身についてきます。考え方一つで気持ちが楽になります。職場にいる間だけ〝演じる〟なんて、ちょっと楽しくありませんか？

第４章　部下とうまくやっていく作戦は、こうして立てよう

～信頼関係を築きながら攻略のしかたを考えよう～

部下と気が合う・合わないとはどういうことか？

❶部下に対する「ありのままの自分」と「見られたい自分」とのギャップ

あなたに部下がいて、部下との人間関係でストレスを感じていたら、それは部下に対する「ありのままの自分」と「見られたい自分」とのギャップが大きいからかもしれません。第3章で述べたように、両者のギャップが大きいほどストレスを強く感じるものです。「ありのままの自分」とは、相手に受け入れてもらいたい自分で、「見られたい自分」とは、飾っている自分です。たとえば、いくら苦手と思っている部下からでも、頼りにされたらうれしいものです。部下があなたの指示どおりに動いたときも、喜びを感じるのではないでしょうか。それが「ありのままの自分」です。

でも、いつもまわりの人に「あの部下は使えないからな……」と言っている自分がいたら、部下が自分の思いどおりに動いたとしても素直にうれしさを表現できません。「あいつは気が利かないから、一から十まで指示しなければできないんだ……」などとまわりの人に言ったりしていませんか？　それが「見られたい自分」です。

本当は、素直に「ありがとう」と言いたいのに、「見られたい自分」がいるため、それが言えません。このように、「見られたい自分」が「ありのままの自分」を抑えるときにストレスを感じるのです。

では、部下に対して素直に「ありがとう」と、なぜ言えないのでしょうか。

それは〝てれ隠し〟のこともあるでしょうが、実は〝上司は部下に対して弱みは見せてはいけない〟とか〝上司は部下に格好良く見られなくてはならない〟という感情が働いて、こうした〝強くあれ〟といったトラウマが「ありのままの自分」を出すことをさえぎっているからです。

ですから、まずは自分のありのままの感情を知ることが大切です。そのための簡単な方法は、第3章で見たように、言葉を変えてみることです。

第3章では、上司に対して「～してくれない」と感じたとき、部下はその言葉を「～してほしい」に変えました。これに対して、部下に「～してくれない」と感じたときは、上司はその言葉を「なぜ～なのだろう？」に変えてみればよいのです。「～してほしい」と

「なぜ、～なのだろう?」という違いはあるものの、言葉を変える点は共通しています。

具体的には、「聞いてくれない」と感じたら「なぜ、聞かないのだろう?」と思えばよいのですし、「思うとおりに動いてくれない」なら「なぜ、このように動くのだろう?」と思えばよいのです。そうすれば、部下が自分に対して持っている感情に気づくきっかけが見えてきます。

「～してくれない」という感情を抱いたとき、「～しろ!」のように頭ごなしに命令しただけでは、何も事態は変わりません。かえって部下との人間関係がぎくしゃくしてしまいます。

しかし、「なぜ～なのだろう?」と相手を知ろう・わかろうという態度で接することで、少しずつ部下は心を開いていきます。

部下に〝この人についていきたい〟と思われてこそ、はじめて本当の上司になれるのです。〝自分は上司だ〟などと肩書きだけで抑圧する上司には誰もついていきたいとは思いませんし、それでは真の上司とは言えません。

❷これが、部下と気が合う・合わないの判断基準

部下に対して気が合うと感じるのは、部下が自分の思っているとおりに動いてくれるときです。

終業一分前、緊急の会議開催の連絡がきました。あなたは会議で使用する資料の作成を部下に手伝ってもらおうと、「緊急会議をやることになったので、大至急資料を作成してほしい！」と告げました。

さて、ここで質問です。部下から次のような返事が返ってきたら、上司であるあなたはどう感じますか？

「わかりました。私でできることならなんでも言ってください。私はどの資料を作成すればいいいですか？」

このように言われれば、「私が思ったとおりだ。この部下は私のことをちゃんと理解してくれている」と思い、安心するのではないでしょうか。なぜなら、「部下は上司の要求を素直に受け入れる」というあなたの予想どおりに部下が対応したからです。こんなとき、

あなたは「この部下とは気が合う（信用できる）」と感じます。

では、もし部下が次のように言ったらどうでしょうか？

「え～、今からですか！　前もって言ってほしいな。今日は予定があるのに。ブツブツ……」

さて、どうでしょうか。こんな言い方をされたらカチンときますね。その理由は、部下があなたの予想に反する反応を示したからです。「これは仕事だぞ！　今まで一度だって無理を言ったことはないのだから、緊急時くらい文句を言わないでやれ！」と思うのではないでしょうか？　そして、あなたは「この部下とは気が合わない（信用できない）」と感じるようになります。

しかし、もしあなたが部下の反応を最初から的確に予想できていたら、たとえイヤなことを言われても、ダメージを小さくすることができます。そうすれば「気が合わない（信用できない）」と感じる度合も軽くなるはずです。

気が合う・合わないは、自分だけが感じるわけではありません。部下も同じように感じるものです。ですから、事前に部下の反応を予想し、結果オーライになるようなアプローチをすれば、部下もあなたに対して気が合わないとは感じなくなります。

❸〝気が合う・合わない〟部下と自分の五人家族の関係

〝気が合う部下〟と感じるのは、自分の心の五人家族で一番高いタイプの特徴を出して、それをすんなり受け入れてくれるような言動をする部下です。これに対し〝気が合わない部下〟と感じるのは、自分の心の家族で一番高いタイプの特徴を出したときに反抗する言動をする部下です。

たとえば、自分の一番高いタイプが〝頑固おやじ〟だったとしましょう。

〝気が合う部下〟と感じるのは〝頑固おやじ〟の特徴が出たときに、それをすんなり受け入れてくれる部下であり、つまり価値観が自分と同じ部下と言えます。

たとえば、あなたが「〜すべきである」とか「〜するのが当たり前だろう」と思ったときに、部下が「はい。わかりました」とすんなり受け入れれば、あなたは「気が合う」と感じます。

そのほかには、次のような行動・言動をする部下も「気が合う」と感じます。

・上司を立ててくれる
・責任を持って仕事を遂行する
・真面目で、規律や約束事は必ず守る

このように、自分の期待する反応が返ってくることには違和感がないため、気が合うと感じるわけです。

〝気が合わない部下〟と感じるのは〝頑固おやじ〟の特徴が出たときに、それをすんなり受け入れてくれない部下であり、つまり価値観が自分とはずれている部下と言えます。

あなたが、「～すべきである」とか「～するのが当たり前だろう」と思ったとき、「なぜですか」、「わかりません」などと答えて、部下がすんなり受け入れない場合に「気が合わない」と感じます。

そのほかには、次のような言動をする部下も「気が合わない」と感じます。

・上司に対して反抗的で素直ではない
・仕事に対して依存的であったり、他人に責任を転嫁する
・積極性がない

このように、自分が期待する反応が返ってこないと違和感をおぼえ、その部下とは気が合わないと感じます。そして、「こんなやる気のない部下を育ててもしかたがない」と思ってしまいます。

〝気が合う・合わない〟部下と感じるのは、自分と部下の五人の高い家族の特徴に関係しています。お互いに高いタイプが同じなら、比較的感じ方や考え方が近いため、あまり問題にはなりませんが、お互いの高いタイプが違うと、上司・部下間の人間関係がうまくいかなくなってきます。

職場では、いろいろなタイプの部下とうまく仕事をしていかなければなりません。

ですから、〝使えない部下〟と不満をもらすのではなく〝部下を使いこなせない自分〟に気づきましょう。ブツブツ不満を言っていても、何も変わりません。かえって部下との溝を深めてしまいます。苦手と感じる部下以外にも、まわりにはいろいろなタイプの部下がいて、あなたの言動を見ていることに注意しましょう。

ちょっと自分を振り返ってみることも大切です。〝この上司についていきたい〟と思われるために必要なのは肩書きではありません。部下の心の家族のタイプ別に接し、少しずつでも部下との違和感をなくしていくことが、信頼関係を作っていくのです。

Section2

自分の言動で部下を攻略する方法

基本的に多くの部下は、上司に「信頼してもらいたい・認めてもらいたい」と思っています。この点を踏まえた上で、事例で部下への対応法を見てみましょう。

事例

退社時直前、どうしても緊急会議の資料の作成を部下に依頼しなければならなくなりました。どのように演じれば、部下の攻撃をかわせるでしょうか？

1 父主導型部下に対する攻略法（自尊心・責任感をくすぐる）

このタイプの人は自分の価値観を曲げません。どんなときも、自分は正しいと思い込んでいるからです。また責任感・正義感が強く、任されて仕事をすることに〝やりがい〟を感じます。そんな部下に向かって「その他大勢」的な言い方は通じません。かえって反感を買うだけです。ですから、「とりあえず、空いている人……」などと切り出してはダメ。攻略法のポイントは、責任感をくすぐることです。

「君だから任せられる」というフレーズが殺し文句です。誰でもよいわけではなく、〝君だから〟という一言を加えることが大切です。

【攻略法】「君ならできる。悪いんだが手伝ってほしい」という言い方をすることで、部下は〝しかたないな、やってやるか〟と優位性を感じます。これによって〝頑固おやじ〟の特徴である責任感が発揮され、やりがいを感じて仕事をやり遂げてくれます。

☆ストレス発生会話例

上司：「誰か……ああ君、残れるか？　緊急会議の資料作成を手伝ってくれ……」

部下：「しかたないですね……」

父主導型部下は、この上司の頼み方に対して〝なんだ、誰でもいいのか〟とプライドを傷つけられたように感じ、〝それなら、ふだん頼み事をする○○に頼めばいいじゃないか……〝と思ってしまいます。また〝ふだんからちゃんと資料ぐらい出せるようにしておくのが当たり前だろう……〟と厳しい見方をする傾向もあります。

☆攻略的な頼み方

「帰りがけで悪いんだが、君ならすぐにできると思うので手伝ってもらいたい」と〝君だから〟を全面に出して依頼します。〝君を信頼している〟という気持ちを感じさせる言い方をすることで、部下は自分を認めてくれているのだと感じます。

部下の攻撃をかわすポイント
自尊心・責任感をくすぐる

2 母主導型部下に対する攻略法
（世話焼きの部分を踏まえ、効率よく話す）

このタイプの人は、他人に対して思いやりがあり保護的です。困ってる人がいると黙って見ていられません。上司が困っているなら何かしてあげないと、と感じる傾向があります。ですから、「緊急で資料を作らなければならなくて困っているんだ。手伝ってほしい」と素直に頼めばよいのです。〝上司である自分がそんなこと言うのはみっともない……〟などと思う必要はありません。

上司であるあなたも、決して完璧な人間ではありません。完璧さを演じようとすることで、部下との間に溝を作って優位性を保とうとしていませんか？ 心配いりません。部下は、そんなあなたに助けてもらうときには素直に頼めばよいのです。心配いりません。部下は、そんなあなたに親近感を感じるはずです。その代わり、部下が困っているときは助けてあげましょう。上司と部下と言えども〝お互い様〟だからです。

【攻略法】部下がこのタイプの場合、基本的にどのように対応しても、大きな感情のズレは生じません。あなたは困っているので素直に手伝ってほしいと言えばよいのです。しかし、部下のペースに乗り、事情や状況を長々と話しはじめると収拾がつかなくなる可能性があります。ですからあなたは、作ってほしい資料の内容を指示し、急いでいるということを前面に出すようにします。

☆ストレス発生会話例

上司：「急に言われて困っているんだ。緊急会議の資料作成を手伝ってくれないかな」
部下：「大変ですね、わかりました。どのような資料を作ればよいのですか」
上司：「○○と××のデータをグラフにしてほしいんだ」
部下：「はい。それでは、私は○○と××のデータをグラフにして提出すればよいのですね。○○課長も急に言われたら困ってしまいますね。なぜ、前もって言ってくれなかったのでしょうか。そうすれば課長も困らなくて済みましたよね……」
上司：「至急なので早く頼むよ！」（イライラ）

母主導型部下は、上司の頼みに対して〝この上司は困っているんだな。味方してあげなければ〟と、至急資料を作成しなければいけないということより、急に言われた上司の気持ちをわかってあげなければという感情が先に出やすい傾向があります。このため、かえってあなたの方がイライラしてしまう可能性が大きいのです。

☆攻略的な頼み方

「緊急会議の資料を今から作らないといけないので困っているんだが、手伝ってもらえないかな？」、「必要な資料は、○○と××のデータなんだけど、至急作ってほしい」

このように具体的に言うようにすればよいのです。

部下の攻撃をかわすポイント

世話焼きな点を踏まえて、効率よく依頼する

3 兄主導型部下に対する攻略法（理論的な点をくすぐる）

このタイプの部下は、感情より合理性を重視し、客観的で冷静に物事を考えるため、「緊急で困っている」などと言っても、「ブツブツ言ってる間に作ればいいじゃないか」と思います。攻略法のポイントは、余計な感情を入れずに理論的に依頼することです。あなたが情に訴えても無駄です。今、何をすべきかを考えます。

【攻略法】 合理的で冷静な部下を攻略するためには、感情を交えず、状況を合理的に判断し、指示することです。難しく考えることはなく、資料を仕上げるために何をどうしてほしいのかを伝えればいいのです。

☆ストレス発生会話例

上司：「緊急会議の資料を今から作らないといけないんだ。困ったな、誰か……君、手伝ってもらえないかな？」

部下：「困ったと言っている場合じゃないですよ。どのような資料が必要なのですか！」

（まったく、困ったなんて言ってるうちにちゃんと指示してほしいな、こっちが困るよ）

このタイプの部下は、上司が〝困っているんだ〟という感情を込めても動じません。会議に使う資料はどれなのか？　どうすれば早く作れるか？　を的確に把握したがります。あなたはちょっと肩すかしを食ったように感じますが、冷静になりましょう。資料を作成することが目的なのですから。

☆攻略的な頼み方

「緊急会議に使う資料○○と××を、至急作成してほしい」

このように、状況を的確に伝えることが大切です。このタイプの部下は、ダラダラ説明されるとそれを言い訳ととらえ、上司に不信感をおぼえてしまいます。しかし、このようなタイプの部下も人間です。無事に仕上がったら「ありがとう。助かったよ」と素直に感謝の気持ちを伝えましょう。上司から、きちんと「ありがとう」と感謝されればうれしく感じるものです。

部下の攻撃をかわすポイント
冷静に対応すること。ただし感謝の言葉も忘れずに

4 弟主導型部下に対する攻略法
（自由奔放で子供的な点をくすぐる）

このタイプの部下は明るく自由奔放なので、そのときの気分次第で反応が違ってきます。「えっ、今からですか……」と言ってみたり、「わかりました。どうすればよいですか?」と言うこともあり、読み切れません。

【攻略法】「至急の資料作成だから、申し訳ないけどお願いするよ。今度、何かご馳走するから」などとざっくばらんに頼むことです。なんと言っても〝やんちゃ坊主〟ですから、その反応をいちいち気にしてもしかたありません。

☆ストレス発生会話例

上司：「緊急会議の資料を今から作らないといけないんだ。悪いが手伝ってほしい」
部下：「えっ、今からですか……」（面倒だな～！）

このタイプの部下は、上司に褒められるために頑張ります。なんと言っても〝やんちゃ坊主〟ですから。あなたが、上司の言うことは何も言わずに手伝うのが常識だと思っていても、このタイプには通じません。「～すべき」という発想で接しても効果はなく、一言付け加えることが大切です。

☆攻略的な頼み方

「緊急会議に使う資料を至急作成してくれ、その代わり、今度ランチおごるから！」
頭ごなしに命令口調で言っても、必ず反抗的な反応がかえってきます。しかし、このタイプの部下は、おだてて頼めばすんなり了解します。ですから、ざっくばらんにお願いしてしまえばいいのです。

その代わり、無事に仕上がったら「ありがとう。助かったよ」と素直に感謝の気持ちを伝え、約束どおりにご褒美をあげましょう。やんちゃ坊主の部下は上司に褒められたくて頑張るのですから、やったことに対して「ありがとう」と感謝の気持ちが伝わればうれしく感じるし、ご褒美をもらえばなおさらです。

部下の攻撃をかわすポイント

ざっくばらんに接し、褒めて、おだてて、ご褒美をあげる

5 妹主導型部下に対する攻略法（劣等感を感じさせない）

このタイプの部下は、言いたいことが言えずに心の中にため込んで、不満がたまるとやがて爆発してしまいます。「急に言われても困るな」とか「緊急の資料など自分にはできないよ」などと言葉にせずに心の中で思うタイプです。

攻略法のポイントは、「君でもできるから」と安心させることです。

【攻略法】言いたいことが言えない依存的な部下を攻略するためには、大まかに指示するのではなく、事細かに指示することです。難しく考えることはありません。指示通りにやれば資料が仕上がることを伝えればよいのです。このタイプは自分に自信がないため不安になっています。このため、その不安感を取り除くことが大切です。

☆ストレス発生会話例

上司：「緊急会議の資料を今から作らないといけないんだ。困ったな。手伝ってもらえないかな？」

部下：「……わかりました」（できなかったらどうしよう。無理だよ……）

　このタイプの部下は、上司が困っているのは十分わかるのですが、自分に自信がないため不安になり、オドオドしてしまいます。あなたは「こいつで大丈夫かな……」と不安に思うかもしれませんが、どうしても人手が必要なら、手伝ってもらうしか方法はありません。

　緊急事態なのにいちいち説明するのは面倒だなと感じるかもしれませんが、一人ではできないのですから冷静になりましょう。

☆攻略的な頼み方

「緊急会議に使う資料○○と××を至急作成してほしい。これを見ながら、このデータをそのプリントと同じ形のグラフにして一枚に印刷してくれればいいんだ」

このように、こと細かに詳細を伝えることが大切です。このタイプの部下は、大まかな指示だけでは不安を感じるので、詳細に指示することで不安を軽減してあげましょう。そして無事に仕上がったら、「ありがとう。助かったよ」と素直に感謝の気持ちを伝えましょう。感謝の気持ちが伝われればうれしく感じるし、自信にもなります。少しずつでも達成感を味わってもらい、劣等感を軽くしてあげてください。

部下の攻撃をかわすポイント　不安感を与えるのではなく、達成感を与えよう

職場にはいろいろなタイプの部下がいます。あなたの部下に思い当たる部分があれば、実践してみてください。実践していくうちに、自分の心もコントロールできるようになります。そして、あなたが部下の期待する反応を返していくうちに、部下の態度や言動にもきっと変化が現れてきます。

それは、部下があなたのことを〝自分をわかってくれるように変わった〟と感じはじめ、少しずつ心を開いていく兆候です。部下の多くは上司の肩書きに影響され、なかなか本音で上司に接することができません。部下には〝嫌われたくない〟〝信用されたい・認められたい〟という感情があるからです。ですから上司であるあなたは、部下から何も文句を言われないから〝自分が正しい〟などと思わずに、一人の人間として部下を尊重しましょう。それが上司・部下の信頼関係を作る第一歩なのです。

自分の行動で部下を攻略する方法

先述したように、基本的に多くの部下は、上司に対して苦手意識はあっても、心のどこかで〝認められたい〟〝嫌われたくない〟と思っています。この点を踏まえた上で、事例を通じて部下の攻略法を見てみましょう。

事例

あなたの部署で新規事業を行なうにあたり、プロジェクトを立ち上げることになりました。あなたは部下の中からプロジェクトのリーダーを選出しなくてはなりません。しかし、新規事業のため、部下は自分がリーダーになることに消極的です。

さて、どのように説得しますか？

1 父主導型部下に対する攻略法
（確認しながら感謝の気持ちで部下を立てる）

このタイプの部下は責任感が強く、リーダーとしての役割を果たすことは決して嫌いではありません。ただ、〝誰でもいいので〟という言い方ではプライドが許しません。ですから、〝君だからまかせられる〟という頼み方をしましょう。

☆攻略のポイント

頑固おやじタイプの部下はプライドが高いため、「責任感のある君だから、リーダーをまかせられる」と、「君だから」を強調して依頼しましょう。ただ、このタイプは自分の価値観で物事を判断する傾向が強いため、他のメンバーと意見の相違が生じたときに注意が必要です。途中で報告を聞き、まわりと協調しながら進めるようアドバイスしましょう。

そしてプロジェクトが成功したときには、「さすがだ。君なら、みんなをまとめながら完成させられると思っていたよ。ありがとう」というように、部下を立てるようにしましょう。そうすれば、部下はこの上司は自分をわかってくれていると感じ、あなたに対して心を開いていきます。

2 母主導型部下に対する攻略法（喜びをもたらし、感謝の気持ちで部下に甘える）

このタイプの部下は世話焼きですから、リーダーとして強さを発揮するより、〝みんなで頑張りましょう。できなければ私がやりますから……〟というスタンスになりがちです。ですから、一人で問題を抱え込まないように、「君がすべてをやるのではなく、みんなを動かして一つにまとめるように頑張ってくれ」といった頼み方をしましょう。

☆攻略のポイント

やさしいお母さんタイプの部下は、世話を焼くのが大好きです。ですから、「面倒見のよい君だからまかせられるのだが、チームのリーダーとしてみんなをまとめて頑張ってほしい」というように、世話焼きの部分を刺激するとともに、やんわりとリーダーとしての強さも必要であることを伝えて依頼しましょう。

このタイプは相手を保護する傾向が強いため、他のメンバーと意見の相違が出たときや自分で問題を抱えそうになったときに注意が必要です。すべての意見を尊重しようとすると、なかなか一つにまとまりません。ですから、途中で報告を聞き、どうすればより良い結果になるのかを考えて進めるようにアドバイスしましょう。

そしてプロジェクトが成功したときには、「君なら、みんなをまとめながら完成させられると思っていたよ。心強く思うよ。ありがとう」というように、部下のやさしさだけではなく強さも褒めましょう。そうすれば、部下はこの上司は自分を育ててくれていると感じ、あなたに対して心を開いていきます。

3 兄主導型部下に対する攻略法（事実に基づき、合理的に対応）

このタイプの部下は、合理的に物事を考え、冷静に判断するリーダーに向いています。しかし、感情に左右されないため、周りのメンバーの気持ちより事実や現状を重視してしまいます。「君だから、効率よく合理的にまとめられると思うが、メンバーみんなの気持ちも考えながら、一つにまとめるように頑張ってほしい」というように〝冷静なお兄さん〟の良い面を褒めながら、他のメンバーの性格も考慮させるような頼み方をしましょう。

☆攻略のポイント

冷静なお兄さんタイプの部下は、感情より現実重視で合理的に物事を考えます。メンバーそれぞれの性格が違うにもかかわらず、感情を無視して合理的で効率のよい方法でまとめようとするため、メンバーとのコミュニケーションがとれなくなる可能性があります。

ですから、リーダーとしての強さも必要だが、相手を尊重する思いやりも必要であることを強調して依頼しましょう。このタイプは理論的で合理的なため、他のメンバーの意見に感情が入っていたりすると、それを認めようとしません。すべてにおいて「合理的に・効率よく」ということを考えてしまう点に注意が必要です。途中で報告を受け、まわりのメンバーの意見も尊重しながら、一つの方向にまとめさせることが大切です。たとえ遠回りになったとしても、状況を踏まえて、どうすればより良い結果になるのかを考えて進めるようにアドバイスしましょう。

そしてプロジェクトが成功したときには、「君なら、個性あるみんなを一つにまとめて完成させられると思っていたよ。ありがとう」と、部下の冷静さ・合理性を認めるとともに、メンバーの感情をうまくコントロールできたことを褒めましょう。そうすれば、メンバーと感情的な行き違いがあって、合理的に物事が進まなかったと部下が不本意に思っていたとしても、この上司は本来の自分をわかってくれていると感じ、あなたに対して心を開いていきます。

4 弟主導型部下に対する攻略法
（部下が好奇心を持ち、動けるように対応）

このタイプの部下は好奇心旺盛ですから、リーダーとしての責任感より、〝どんなふうに結果を出そうか！〟という創造的な動機を重視します。チャレンジ精神が旺盛なのは良いのですが、自己中心的に物事を進める可能性があります。ですからリーダーとしての責任感を引き出すように、「君のチャレンジ精神に期待しているよ。リーダーとして、みんなを一つにまとめて結果が出せるように頑張ってくれ」といった頼み方をしましょう。

☆攻略のポイント

やんちゃ坊主タイプの部下は好奇心旺盛で創造的です。ですから、「チャレンジ精神旺盛な君だから新規企画をまかせられる」という具合に好奇心をくすぐります。同時に、「チームリーダーとしてみんなを一つにまとめて、良い結果が出せるように頑張ってほしい」と、リーダーとしての責任感も必要であることをつけ加えて依頼しましょう。

このタイプは自己中心的な傾向が強いため、他のメンバーと意見の相違が出たときや自分の考えが通らなかったときには注意が必要です。途中で報告を受け、奇抜な発想であってもメンバーが納得し、結果が出せるようならＯＫしましょう。もし結果が見えないようでも、頭からＮＯを突きつけるのではなく、再チャレンジする気になるような話し方でアドバイスしましょう。

そしてプロジェクトが成功したときには、「チャレンジ精神旺盛な君なら、みんなをまとめながら完成させられると思っていたよ。ありがとう」と、部下の好奇心旺盛なチャレンジ精神を褒めましょう。褒められた部下は、この上司は自分をわかってくれていると感じ、あなたに対して心を開いていきます。

5 妹主導型部下に対する攻略法
（部下の心境を第一に考え、寛大に対応）

このタイプの部下は言いたいことを言うのが苦手ですから、リーダーとしてみんなを引っ張っていくことが不得意で、何かをまかされると〝どうすればよいのだろうか……〟と悩んでしまいます。メンバーの意見に対して反対もしなければ、これでいこう！　と決断もできません。ですから、リーダーを受けたときには「君にとってチャンスだよ。リーダーとして、みんなを一つにまとめて結果が出せるように頑張ってくれ。困ったときはいつでも相談に乗るから……」と、安心感を与える言葉を投げかけましょう。

☆攻略のポイント

いい子ブリッ子タイプの部下には協調性はありますが、自信がないためか依存的な傾向があります。ですから、このタイプの部下に頼むときは、「君が困ったときは、いつでも相談に乗るから安心してやってみろ」というように、「安心していいんだよ」ということを強調して依頼しましょう。このタイプは自主性がなく依存的傾向が強いため、メンバー同士で意見の相違が出て、それを一つに絞らなくてはならないときに注意が必要です。

途中で報告を聞き、こと細かにアドバイスや指示を出すようにしましょう。細かな指示を出しているようでは育たない、などと考えてしまいがちですが、このタイプの部下は決断ができないので、放っておくとプロジェクト自体が空中分解する可能性があります。上司であるあなたが指示したりアドバイスすることで、軌道を外れずにすむとともに、部下も安心して参画できるようになります。

そしてプロジェクトが成功したときには、「君もやればできると思っていたよ。これからもチャンスがあれば頑張ってみような。ありがとう」というように、部下の頑張りを認め、自信をつけさせましょう。そうすれば、「自分もやればできるんだ」と思うようになってきます。

褒められた部下は、この上司は自分を信じてくれた上に、わかってくれていると感じ、あなたに対して心を開いていきます。このタイプの部下を、リーダーとして育てるには時間がかかります。しかし、無理と思って何もさせなければ成長することはありません。気長に育てていきましょう。

このように、部下の高い家族（タイプ）の特徴をとらえ、部下のトラウマを配慮して接することで、今までうまくいかなかった関係が少しずつ改善されていきます。

部下攻略法に共通するポイントは、自分の高いタイプの特徴を全面的に出して接したり、身につけているトラウマを立証しようとするのではなく、あくまでも部下を攻略するために自分が〝演じる〟ことなのです。

自分の思いどおりに動かない部下にダメと烙印を押すのではなく、良い結果を導くために〝この部下を動かすためにはどう演じたらよいのだろう〟と楽しんでみてはどうでしょうか？

ダメな部下と烙印を押すということは、実は自分が使いこなせないことを立証していることにほかなりません。自分の優位性を確認するために、部下を動かそうとしているだけです。それでは部下と上司の信頼関係など、築けるはずはありません。肩書きの力で部下を動かすのは簡単です。しかし、「あなたについていきたい」と思われる方が毎日の職場が楽しく感じられると思いませんか？

信頼関係の第一歩は部下のことをわかろうとする姿勢であり、相手に合った接し方をする（演じる）ことです。演じているうちにそのパターンが身についてきます。

上司であるということは、それだけで部下より優位に立っているのですから、ゆとりを持って演じてみてください。

第5章　同僚とうまくやっていく作戦は、こうして立てよう

～仲間意識を育みながら攻略のしかたを考えよう～

同僚と気が合う・合わないとはどういうことか？

❶同僚に対する「ありのままの自分」と「見られたい自分」とのギャップ

同僚との人間関係でストレスを感じていたら、それは対上司や対部下のときと同じように、同僚に対する「ありのままの自分」と「見られたい自分」とのギャップが大きいからです。

第3章、第4章で述べたように「ありのままの自分」とは、相手に受け入れてもらいたい自分で、「見られたい自分」とは、飾っている自分です。たとえば、いくら苦手と思っている同僚からでも、悩みを打ち明けられたり、自分に同調してくれたときはうれしいものです。それが「ありのままの自分」です。

しかし、いつもまわりの人に「あの人とは合わないんだよね……」と言っている自分がいるため、相手が自分の思うとおりに動いたとしても、素直にうれしさを表現できません。そして、つい「あの人は気まぐれだから……」などと、まわりの人に言ったりしてしまいます。

また、気が合うと思っている同僚と意見が食い違ったとき、自分の感情を抑えて相手に合わせたことはありませんか？　それが「見られたい自分」です。

本当は「私はそう思わない」と言いたいのに、「見られたい自分」がいるため、それが正直に言えません。このように、「見られたい自分」が「ありのままの自分」を抑えるときにストレスを感じるのです。

では、苦手と思っている同僚に対して、素直に「ありがとう」と、なぜ言えないのでしょうか。

それは対上司、対部下の場合と同じように、恥ずかしいと感じたり〝てれ隠し〟の場合もあるでしょうが、実は〝自分の方が相手より優れている〟という自己肯定の感情や〝相手の方が自分より優れている〟という他者肯定の感情から、〝強くあれ〟とか〝相手を喜ばせろ〟といったトラウマが「ありのままの自分」を出すことをさえぎっているからです。

また、〝嫌われたくない〟という感情が働くこともあります。

いずれにしても、まずは自分のありのままの感情を知ることが大切です。そのための箇単な方法は、第3章と第4章で見たように、言葉を変えてみることです。第3章では、上司に対し「〜してくれない」と感じたとき、部下はその言葉を「〜してほしい」に変えましたし、第4章では、部下に対して「〜してくれない」と感じたときは、上司はその言葉を「なぜ〜なのだろう?」に変えてみました。

同僚に対して「〜してくれない」と感じたときは、その言葉を「どうすれば〜してくれるだろうか?」に変えてみることです。

「〜してほしい」、「なぜ〜なのだろう?」と「どうすれば〜してくれるだろうか?」という違いはあるものの、言葉を変える点は共通しています。

具体的には、「聞いてくれない」と感じたら、「どうすれば聞いてくれるのだろう?」と思えばいいし、「思うとおりに動いてくれない」なら「どうすれば動いてくれるのだろうか?」というように思えばよいのです。そうすれば、同僚が自分に対して持っている感情に気づくきっかけが見えてきます。

「〜してくれない」という感情を、「どうせ、自分とは気が合わないから……」のようにはじめからあきらめていたのでは、事態は変わりません。かえって溝が深くなってしまいます。ですから、「どうすれば〜してくれるのだろう?」と、相手を知ろう、わかろうとする態度で接することで、少しずつ同僚は心を開いてくれます。相手が、〝この人は自分を理解してくれる〃と思うことによって、はじめて同僚との間に仲間意識が芽生えるのです。

❷これが、同僚と気が合う・合わないの判断基準

同僚と気が合うと感じるのは、同僚が自分の思っているとおりに動いてくれるときです。

最近、人事異動で上司が代わり、あなたが職場の人間関係で悩んでいるとしましょう。そして、それを同期のＡさんに相談したとします。

さて、ここで質問です。同僚のＡさんから次のような返事が返ってきたら、あなたはどう感じますか？

「そうか、大変だね。相談にも乗るし、愚痴ならいつでも聞くから頑張ろうよ……ね」

このように言われれば、「私が思ったとおりだ。この同僚は私のことをちゃんと理解してくれている」と思い、安心するのではないでしょうか。なぜなら、あなたの予想どおり

に同僚が対応したからです。こんなとき、あなたは「一所懸命頑張っている私をわかってくれている」と感じ、「この同僚とは気が合う（信頼できる）」と感じます。

では、もし同僚が次のように言ったら、どうでしょうか？

「仕方ないよ。そんなにイヤなら自分が辞めるか、我慢するしかないんじゃない？」

どうでしょうか。こんな言い方をされたらカチンときますね。「そんなことはわかってるけど、何もそんな言い方しなくても！」と思うのではないでしょうか？

その理由は、同僚があなたの予想に反する反応を示したからです。そして、あなたは「この同僚とは気が合わない（信頼できない）」と感じるようになります。

もしあなたが、同僚の反応を最初から的確に予想できていたら、たとえイヤなことを言われても、ダメージを小さくすることができます。そうすれば、「気が合わない（信頼できない）」と感じる度合も軽くなるはずです。気が合う・合わないは、自分だけが感じるわけではありません。同僚も自分と同じように感じるものです。ですから、事前に同僚の反応を予想し、お互い不快感の残らない結果になるようなアプローチができれば、同僚もあなたに対して気が合わないとは感じなくなります。

❸〝気が合う・合わない〟同僚と自分の五人家族の関係

〝気が合う同僚〟と感じられるのは、自分の心の五人家族で一番高いタイプの特徴と相手の心の家族で一番高いタイプが同じ場合が多いのです。そして〝気が合わない同僚〟と感じられるのは、自分の心の家族で一番高いタイプの特徴を出したときに、その良い面ではなく、悪い面をとらえた態度や言動をする同僚です。

たとえば、自分の一番高いタイプが〝頑固おやじ〟だとしましょう。

〝気が合う同僚〟と感じるのは、あなたに〝頑固おやじ〟の特徴が出て、あなたが「～すべきである」とか「～するのが当たり前だろう」と思ったときに、「そうだよね、私もそう思う。それがふつうだよね」というように共感する同僚です。

このように、自分の価値観と同じと感じる態度や言動をとる同僚は〝気が合う〟と感じます。そのほかには、次のような言動や行動をとる同僚も〝気が合う〟と感じます。

・責任を持って仕事を行なう
・真面目で規律や約束事は必ず守る
・有言実行タイプ

こうした同僚の場合、自分が期待する反応が返ってくることが多いため、違和感を感じません。

これに対し、〝気が合わない同僚〟と感じるのは、あなたに〝頑固おやじ〟の特徴が出て、あなたが「～すべきである」とか「～するのが当たり前だろう」と思ったとき、「何か恐い感じだよね」とか「威圧的で自分の価値観がすべてと思っている人だよね」などと、良い面を見るのではなく、悪い面に目がいく同僚です。

このように、自分の価値観とずれていると感じる態度や言動をする同僚に対しては〝気が合わない〟と感じます。

そのほかには、次のような言動をする同僚にも〝気が合わない〟と感じます。

上司編　部下編　同僚編

・善悪をはっきりさせず、優柔不断
・仕事に対して依存的であったり責任を転嫁する
・積極性がない
・有言不実行タイプ

こうした同僚の場合、自分が期待する反応とは正反対の反応が返ってくることが多いため、「こんな非常識な人とは付き合えない」と思い、気が合わないと感じます。

このように、同僚に対して〝気が合う・合わない〟と感じるのは、自分と同僚、それぞれの五人の家族の特徴に関係しています。その傾向が自分と同じなら比較的、感じ方や考え方が近いため、あまり問題にはならないのですが、先のようにお互いの家族の傾向が異なると、自分のトラウマを立証しようとし、同僚との人間関係がうまくいかなくなる原因となります。

しかし、職場ではいろいろなタイプの同僚と、うまく仕事をしていかなければなりません。

職場で一番身近にいるのが同僚です。感性や価値観が違うから気が合わなくて当たり前などと言っていては、何も変わりません。放っておいたら、かえって同僚との溝を深めてしまいます。

また、苦手な同僚以外にもまわりにはいろいろなタイプの同僚がいて、あなたの言動や行動を見ています。人それぞれ、感じ方やものの見方は違います。同じ職場内で同じ時間を過ごすわけですから、相手を苦手だからと遠ざけるより、良きライバルでもあり、良き仲間としてやっていく方が毎日が楽しく感じられませんか？

そのためには相手の心の家族のタイプを知り、少しずつでも同僚との違和感をなくしていくことが、信頼関係や仲間意識を築くことになるのです。

Section2

自分の言動で同僚を攻略する方法

基本的に多くの人は、同僚に信頼してもらいたい・嫌われたくないと思っています。この点を踏まえた上で、事例を見てみましょう。

事例

あなたは上司から、同僚のＡさんの態度や言葉づかいが良くないので、仲の良いあなたから注意するようにと言われました。あなたも、上司とＡさんはうまくいっていないと感じていました。

さて、あなたはＡさんにどのように注意しますか？

1 父主導型同僚に対する攻略法（責任感をくすぐる）

このタイプの人は、自分の価値観を曲げない頑固な面があります。どんなときも、自分は正しいと思い込んでいるからです。そのため責任感や正義感が強く、強引に自分の意見や考えを通そうとする傾向があります。

そんな同僚に向かって、「そんな態度はダメだよ」とか「言葉づかいを直さないと」といった否定的な言い方は通じません。かえって反感を買い、意固地にさせてしまうだけです。そして、このタイプは言われた内容より、直接自分に言ってこない上司に対して反感を持ちます。これでは上司との仲は悪くなるばかりです。

攻略法のポイントは、責任感をくすぐることです。

具体的には、伝える内容を肯定的な言い方に変えればよいのです。

「交代したばかりだから、Aさんのはっきり言う良い点やテキパキしている点を誤解しているんだよ。でも上司は、Aさんとうまくやっていきたいから私に頼んだのだと思う。上司なりに気をつかってくれたんだよ。上司が本来のAさんをわかってくれればいいと思わない？　私はＡさんならできると思うのだけど」
　このように、〝あなただからできる〟という言い方で伝えることが大切です。

【攻略法】「Ａさんの良い点が誤解され、マイナス面で見られているのは残念だし、上司がまだ本来のＡさんのことがわからないようであれば教えてあげようよ」と相手を否定しないように話し、あなたならこの上司とうまくやっていけるという言い方をすることで、同僚は、〝しかたない、やってみるか〟と優位性を感じ、〝頑固おやじ〟の特徴である責任感が発揮されます。そして、「じゃあ、どうすればわかってもらえるのか？」について、あなたが上司の期待する方向に沿ってアドバイスしてあげればよいのです。

☆ストレス発生会話例

Ａさん：「なぜ私のことなのに、直接私に言わないであなたに言うの！　上司なのだから、直接私に言うのが当たり前でしょ！」
あなた：「そうだけど……私たちの仲が良いからじゃない？」
Ａさん：「そんなの関係ないじゃない！　正々堂々と私に言うべきよ！」

あなたは、この父主導型同僚の言い方に対して〝私だって上司に言われたから、あなたに言っただけなのに〟と自分の好意を無視されたように感じ、お互いに不快感が残ります。

☆攻略的な話し方

Aさん：「なぜ私のことなのに、直接私に言わないであなたに言うの！　上司なのだから、直接私に言うのが当たり前でしょ！」

あなた：「そうだね。なぜ直接言わなかったのかな？　上司の心の中に〝あなたとうまくやっていきたい〟という感情があって、万が一、売り言葉に買い言葉にでもなったら収拾がつかなくなってしまうと思ったからじゃないかな？　上司なりに気をつかっているんだから、わかってあげようよ。そして誤解されている部分があれば、本来のAさんを教えてあげようよ。私も協力するから頑張ろう」

このように、否定的な言い方ではなく、まずは相手に共感します。その上で〝あなたならできる〟を前面に出します。〝あなたを信じている〟ということを感じさせる言い方によって、同僚は自分を認めてくれているのだと感じます。

同僚の攻撃をかわすポイント

相手を立てながら責任感を共感する

2 母主導型同僚に対する攻略法（やさしさを共感する）

このタイプの人は、他人に対して思いやりがあり保護的です。ですから、素直に上司からの言葉を伝えればよいのです。ただし、やさしさや保護的な性格から、言われた内容よりも、あなたに対して〝イヤな思いをさせてしまった……〟という感情が先行します。そして、どうすればあなたのイヤな感情をなくすことができるか、ということを考えてしまう傾向があります。

【攻略法】 同僚がこのタイプの場合、基本的にどのように対応しても、大きな感情のズレは生じません。あなたは素直に、上司にこう言われたから注意しようね、と言えばよいのです。しかし、同僚のペースに乗り、事情や状況を話し出すと話が長くなる可能性大です。

ですから、上司がAさんに期待する言葉づかいや態度を端的に伝えるようにしましょう。そしてあなたは、上司とAさんがうまくやっていくことを一番望んでいて、そうなることがとてもうれしいということを前面に出すようにします。

☆ストレス発生会話例

Aさん：「ごめんなさいね、上司から言われてイヤな思いをさせてしまったね。私のことで本当にごめんなさい……それでどんな状況で言われたの？……ごめんなさいね……」

あなた：「会議室に呼ばれたので、何だろうと思って行ってみたら、ちょっと注意してほしいと言われて。それで思い切ってあなたに話したのだけれど……」

Aさん：「ありがとう。あなたまで巻き込む形になってしまって……イヤな思いや心配までかけてしまって。どうしよう……」

あなた：「私のことは大丈夫だから、気にしないでね」

Aさん：「でも……。本当にごめんなさいね……」

あなた：（面倒だな……）

☆攻略的な話し方

Aさん：「ごめんなさいね、あなたを巻き込んでしまって。上司から言われて、イヤな思いをさせてしまったね。私のことで本当にごめんなさい……それでどんな状況で言われたの？　ごめんなさいね……」

あなた：「それはお互い様だから心配しないで。私は、上司とあなたがうまくやってくれることを一番望んでいるから、今回の件でわかってくれて、本当によかった。私もとってもうれしい。明日から頑張ろうね」

同僚の攻撃をかわすポイント

相手のやさしい点をくすぐる

3　兄主導型同僚に対する攻略法
（理論的な点をくすぐる）

このタイプの同僚は、感情より合理性を重視し、客観的で冷静に物事を考えます。そのため「上司に対する言い方や態度に注意しようよ」などと言っても、「それは上司の個人的な感情で、仕事には関係ない」と考えます。このタイプへの攻略ポイントは、余計な感情を入れずに理論的に話すことです。あなたが情に訴えても無駄です。今、何が必要でどうすべきか、という観点で考えます。

【攻略法】合理的で冷静な同僚を攻略するためには、感情を交えずに事実に即した提案をすることです。難しく考えることはなく、上司とAさんがうまくやってくれないと職場がギクシャクしてしまうので、上司だけでなく、みんなが仕事しやすい環境を作るために協力してもらいたい、と伝えればよいのです。

☆ストレス発生会話例

Aさん：「上司の感情は仕事をする上では関係ないと思う。上司がどう思おうと、仕事には支障ないはずだ」

あなた：「そうだよね。でも実際に上司が困っているのだから、Aさんも少し気を配るようにした方がいいよ」

このタイプの同僚は、上司の「困っているんだ」という感情を込めて話しても動じることはありません。

「上司との険悪な雰囲気によって、周囲のメンバーの仕事の効率が悪くなっている」という状況を知ることによって、はじめて自分のどこが問題で、どのように対応すればよいのか、と考えるようになります。

あなたは「ちょっと待って、開き直ってどうする。あなたのことで私が呼び出されたのに！」とカチンとくるかもしれません。けれども、Aさんの気づきが目的なのですから、冷静になりましょう。

☆攻略的な話し方

Aさん：「上司の感情は仕事をする上では関係ないと思う。上司がどう思おうと、仕事には支障ないはずだ」

あなた：「たしかにそうだね。でも、問題は上司の感情だけではないと思うよ。まわりのみんなも、上司とAさんのやりとりを聞いて変に緊張して、仕事がギクシャクしてるから、みんなが仕事をしやすい雰囲気作りに協力してほしい」

このように、事実を理論的に伝えることが大切です。このタイプの同僚は、ダラダラと説得すればするほど、不信感を抱いてしまいます。しかし、そんな同僚も人間です。心のどこかで、〝嫌われたくない〟とか〝わかってもらいたい〟という感情を持っています。

Aさんの態度や言動が変わってきたら、「ありがとう。話して良かった」と素直に感謝の気持ちを伝えましょう。Aさんの協力に対して「ありがとう」と感謝の気持ちを伝えれば、うれしく思ってくれるはずです。

同僚の攻撃をかわすポイント

冷静に対応し、感謝も忘れずに

4 弟主導型同僚に対する攻略法（子供的な点をくすぐる）

このタイプの同僚は、明るく自由奔放なので、そのときの気分次第で反応が違ってきます。「何で私がいけないの！」と言ったり、「わかりました。どうすればよいですか？」と言ったりして読み切れません。攻略のポイントは「上司とうまくやっていこうよ！　頑張ってくれたらみんな応援するから。不満がたまったらみんなで愚痴大会でもしようよ！」

などと、子供を諭すように話せばよいのです。なんといっても〝やんちゃ坊主〟ですから。やんちゃ坊主の反応をいちいち気にしてもしかたありません。ざっくばらんに対応しましょう。

【攻略法】やんちゃ坊主タイプの同僚を攻略するには、相手のありのままの感情を、まずは聞いてあげることです。そして子供を諭すように話しましょう。やさしいお母さんを演じればよいのです。本人が頑張ったら、その努力に対して褒めるようにしましょう。

☆ストレス発生会話例

Ａさん：「何で私だけがいけないの！　上司だって完璧というわけじゃないじゃない！私だって頑張っているのに、これってイジメ？」

あなた：「でも、しかたないよね。仕事場では上司なんだし、Ａさんと上司がいつケンカになってしまうのかとみんな気をつかってるよ……」（どう言えばわかってくれるのかな？）

このタイプの同僚は、〝やんちゃ坊主〟的なので、上司に褒められたり仲間に認められたいために頑張ります。あなたは上司の忠告は素直に受け入れて、自分なりに気をつけていくのがふつうだと思っていても、その思いをストレートに伝えたのでは相手には通じません。ですから、「～すべき」という発想で対応するのは得策ではありません。

しかし、次のように一言付け加えることで、相手はあなたの言うことを受け入れてくれます。

☆攻略的な話し方

Aさん：「何で私だけがいけないの！　上司だって完璧というわけじゃないじゃない！私だって頑張っているのに、これってイジメ？」

あなた：「わかってるよ。ただAさんは誤解されやすいんだよ。やっぱり上司とAさんがギクシャクしてるとまわりも気をつかうから、頑張ってうまくやっていこうよ！　そんなAさんをみんな応援するから、不満がたまったらみんなで飲みにでも行こうよ！　明日からチャレンジだね」

頭ごなしに命令口調で言っても、必ず反抗的な反応が返ってきますが、このような感じでおだてて頼めばすんなり了解します。ですから、ざっくばらんにお願いしてしまえばいいのです。

その代わり、態度や言動に変化があったら「ありがとう。頑張ってるね」と素直に感謝の気持ちを伝え、たまにはご褒美をあげましょう。やんちゃ坊主の同僚は上司に褒められたり同僚に認められたくて頑張るのですから。努力したことに対して「ありがとう」と感謝の気持ちを伝えればうれしく思うはずです。

同僚の攻撃をかわすポイント

褒めて、おだてて、ご褒美をあげよう

5 妹主導型同僚に対する攻略法（劣等感や孤立感を感じさせない）

このタイプの同僚は、言いたいことが言えずに心の中にため込み、不満がたまると爆発してしまいます。「どうして私だけ注意されるの……」とか「どうせ私なんかみんなから嫌われているのだから……」などと、言葉にできずに心の中で思うタイプです。攻略のポイントは、あなたも一緒の仲間だから、みんなついてるから大丈夫だよ、といった具合に伝えて安心させることです。

【攻略法】言いたいことを言えなくて、依存的で孤立しがちな同僚を攻略するには、「みんなあなたを認めているよ」とか「みんな仲間だから応援するよ」というように、存在を認め、みんなで支える「仲間意識」を醸し出すことです。他人から否定的なことを言われると、自分に自信がないため不安になってしまうので、不安感や孤立感を取り除くことが第一になります。

☆ストレス発生会話例

Aさん：「どうして私だけが注意されるのだろうか。やっぱり、私はみんなから嫌われているからイジメられるのかな……」（口に出せず、心の中で思うだけ）

あなた：「頑張ろうね……」（何を考えてるんだろう？　わかったのかな？　まったく…

…）

このタイプの同僚は、上司とうまくいっていないことは十分理解しているのですが、自分に自信がないため不安になり、ビクビクしてしまいます。そして同僚に否定的な言葉を投げかけられると、ますます自信喪失して孤立してしまう傾向があります。

あなたは「大丈夫かな……」と不安に思うかもしれませんが、問題の原因を相手に伝えなければ、何も変わりません。あなたはどう言えば相手が傷つかずに済むか迷うかもしれませんが、原因をストレートに伝え、その上で「そんなあなたを、みんな同僚として認めてるよ」とか「みんな仲間だよ」というように、不安感や孤立感を取り除いてあげればよいのです。

☆攻略的な話し方

Aさん：「どうして私だけが注意されるのだろうか。やっぱり、私はみんなから嫌われているからイジメられるのかな……」（口に出せず心の中で思うだけ）

あなた：「Aさんはおとなしいから、上司も誤解してるんだよ。みんなAさんをわかってるし、仲間だと思っているよ。だから一緒に頑張ろうよ。みんな協力するからね。どうしたら良いかみんなで考えよう！」

このタイプの同僚は、原因を伝えただけでは不安や孤立感を感じてしまいます。ですから、励ましの言葉を付け加えて話しましょう。そして変化があったら、「頑張ってるね。

みんな見てるから安心してね」と、一人じゃないから安心して、という気持ちを伝えましょう。まわりの気持ちが伝わればうれしく思うはずだし、自信にもつながります。

少しずつでも劣等感や孤立感を取り除き、達成感や仲間意識を植えつけましょう。

同僚の攻撃をかわすポイント

不安感ではなく、安心感を伝えよう

職場にはいろいろなタイプの同僚がいます。あなたの同僚に思い当たる部分があれば、実践してみてください。実践していくうちに、自分の心もコントロールできるようになります。そして、あなたが同僚の期待する反応を返していくうちに、同僚の態度や言動にもきっと変化が現れます。それは、同僚があなたのことを〝自分のことをわかってくれるように変わった〟と感じはじめ、少しずつ心を開いていく前兆です。

気が合わないと感じる同僚間の問題の多くは〝嫌われたくない〟という感情や〝まわりのその人に対する見方〟や〝あなたのトラウマを立証〟することなどが関係しています。

そのため、なかなか本音で同僚に接することができません。ですからあなたは、〝自分が正しい〟などと思わずに、〝どんな人でも良い点・悪い点がある。自分も同じ〟ととらえ、一人の人間として同僚を尊重しましょう。
それが、同僚との信頼関係・仲間意識を作る第一歩なのです。

Section3

自分の行動で同僚を攻略する方法

基本的に同僚同士はお互いに苦手意識があったとしても、心のどこかで〝嫌われたくない〟と思っています。この点を踏まえた上で、事例を通じて同僚の攻略法を見てみましょう。

事例

たとえば、あなたの一番高い家族のタイプが〝頑固おやじ〟だとします。新規プロジェクトに、あなたと同僚がリーダーとして選ばれました。数人いるメンバーをまとめ、プロジェクトを成功させなければいけません。

どのように演じれば、同僚の攻撃をかわし、メンバーをまとめられるでしょうか？

1 父主導型同僚に対する攻略法（責任感を共有する）

このタイプの人は、自分の価値観を曲げない頑固な面があります。どんなときも自分は正しいと思い込んでいるからです。そのため責任感・正義感が強く、リーダーとしてまかされて仕事をすることに〝やりがい〟を感じます。

しかし、強引に自分の意見や考えを通そうとする傾向があります。それは〝頑固おやじ〟度の高いあなたも同じです。価値観が一致していれば何も問題はないのですが、違った場合にはお互いに自分の意見を曲げずにぶつかります。

ですから、価値観が違う同僚に向かって、「その考え方はおかしいよ」とか「決めつけは良くないよ」というように一方的に否定しても通じません。かえって反感を買い、意固地にさせてしまうだけです。攻略のポイントは、責任感を共有することです。

「お互い意見の違いはあるけれど、まかされた以上、このプロジェクトを成功させなければいけないよね。だとしたら、どうすればいいと思う？」というように、まかされた責任感をお互いに共有しましょう。お互いがI am OK, You are not OKを立証しようとすれば、必ず衝突してしまいます。

☆攻略のポイント

「お互いに、まかされた以上、成功させせないといけないプロジェクトだから、どうすれば成功させられるかを考えよう」という具合に、目標を共有し、責任感を前面に出すようにしましょう。そうすれば、多少意見の相違はあっても、同僚は〝しかたない、やってやるか〟と優位性を感じ、〝頑固おやじ〟の特徴である責任感が発揮され、代替案でもやりがいを感じて仕事に取り組みます。

まずは、同僚の意見に共感します。その上で〝成功するためには〟ということを前面に出して代替案を提案します。そうすれば〝あなたの意見も聞きますから〟というニュアンスを感じさせることができ、同僚は「自分を認めてくれているんだ」と感じてくれるはずです。

同僚の攻撃をかわすポイント

相手を立てながら責任感を共有する

2 母主導型同僚に対する攻略法（喜びを共有する）

このタイプの同僚は世話焼きですから、リーダーとしての強さを発揮するより、〝みんなで頑張りましょう、できなければやってあげますから……〃と、なんでも自分で抱えこんでしまいます。

こんなタイプは、頑固おやじ度の高いあなたはやりやすいと感じます。あなた主体で動いて、あなたのI am OKを立証することができ、面倒なことを進んで引き受けてくれるタイプの同僚ですから、比較的すんなり事を運べることが多いでしょう。

ただ、このお母さんタイプのリーダーは決断力に欠ける傾向があるため、一人で事を運ぶことが苦手です。ですから、できるだけ他のメンバーにも関わらせて、成功したときはみんなで達成感を共有し、喜びあいましょう。そのためには、一人で抱えてしまうのではなく、メンバーにも指示してやってもらうようにアドバイスしましょう。

☆攻略のポイント

やさしいお母さんタイプの同僚は世話を焼くのが大好きですから、「やさしいあなたに対しては、みんなのびのびと意見を言えるので、安心してリーダーとして指示を出してね。私もフォローするから」というように、リーダーとしての強さも必要であることを強調しながら話しましょう。

このタイプは保護的な傾向が強いため、他のメンバーと意見の相違が出たときや問題を自分で抱えてしまうときに注意が必要です。あなたは同僚の指示を聞きながら、どうすればより良い結果になるのかを考えて進めるようにアドバイスしましょう。

そしてプロジェクトが成功したときには、「やさしいあなただけど的確な指示のおかげで、みんなのびのびとプロジェクトを進められ、みんな成功を喜んでるよ。ありがとう」といった感じで、同僚のやさしさだけでなく、強さを出せたことを褒め、プロジェクト成功の喜びをみんなで共有しましょう。

そうすれば同僚は、自分をわかってくれていると感じ、あなたに対して心を開いていきます。何よりもこのタイプは、人が喜ぶことが一番うれしいのですから。

同僚の攻撃をかわすポイント

人の喜びを共有する

3 兄主導型同僚に対する攻略法
（事実に基づき冷静に対応）

このタイプの同僚は物事を合理的に考え、冷静に判断できます。しかし、感情をはさまず、まわりのメンバーの気持ちより事実や現状を重視します。ですから、「あなたは何事も効率よくテキパキ行動するので、成功するためのプランは安心してまかせられるね。メンバーは私がまとめるから、成功するための計画をお願いするよ」というように〝冷静なお兄さん〟の良い面を褒めながら、他のメンバーのまとめ役はあなたが引き受けるようにしましょう。お兄さんタイプは感情を重視しないため、あなたが同僚の足りない部分を補うようにすれば良いのです。

☆攻略のポイント

冷静なお兄さんタイプの同僚は、感情より現実重視で合理的に物事を考えます。ですからメンバーの個々の感情に目が届かず、合理的で効率の良い方法だけにこだわったりします。

意見をまとめようとしても、メンバーはそれぞれ性格が違うし、感情を無視するようなやり方だと、メンバーとのコミュニケーションがとれなくなる可能性があります。その部分をあなたが補うようにしましょう。あなたは同僚の意見を聞きつつ、メンバーの意見も尊重しながら、一つの方向にまとめていくようにします。メンバーの感情に配慮することで、たとえ遠回りになったとしても、全体を見据えてどうすればより良い結果になるのかを考えるようにアドバイスしましょう。

そしてプロジェクトが成功したときは、「さすが計画が完璧だったからね。メンバーもまとめることができて頑張ったよね」というように、同僚の冷静さや合理的・現実的側面だけでなく、メンバーをうまくまとめられた点を褒め、成功を喜びあいましょう。そうすれば、同僚は、たとえメンバーと感情的な行き違いがあり、合理的にいかなかった面があったとしても、あなたが本来の自分をわかってくれていると感じ、心を開いていきます。

同僚の攻撃をかわすポイント

同僚の足りない部分を補いながら、理解できるようにアドバイスする

4 弟主導型同僚に対する攻略法
（同僚が好奇心を持ち、動けるように対応）

このタイプの同僚は好奇心旺盛ですから、リーダーとしての責任をまっとうすることよりも〝どんなふうに結果を出そうか！〟という創造的な側面を重視します。チャレンジ精神が旺盛なのはいいのですが、自己中心的に物事を進める可能性があります。

ですから、リーダーとしての責任感を引き出すように、「君のチャレンジ精神と誰も思いつかないような発想に期待しているよ。リーダーとして、一緒にメンバーを一つにまとめて結果が出せるように頑張ろうね」というような言い方をしましょう。

☆攻略のポイント

やんちゃ坊主タイプの同僚は、好奇心旺盛で創造的です。ですから「チャレンジ精神や創造力旺盛な君だから企画をまかせられるよ。チームのリーダーとして、みんなを一つにまとめて良い結果が出せるように頑張ろうね」というように、チャレンジ精神や創造性だけでなく、リーダーとしての責任感も必要であることを強調して話しましょう。

このタイプは自己中心的な傾向が強いため、他のメンバーと意見の相違が出たときや自分の考えが通らなかったときに注意が必要です。頑固おやじ度の高いあなたは、今まで経験したことがないような奇抜な発想をなかなか受け入れることができないかもしれませんが、奇抜な発想であってもメンバーを納得させ、結果が出せるようならＯＫで、仮に結果が見えないようでも頭からＮＯではなく、再チャレンジする気になるようなアドバイスをしましょう。

そしてプロジェクトが成功したときには、「チャレンジ精神旺盛で、創造力抜群な君なら、みんなをまとめながら完成させられると思っていたよ。頑張ったよね」というように、同僚の好奇心や創造力を褒め、ともに喜びあいましょう。認めてもらえた同僚は、あなたが自分をわかってくれていると感じ、心を開いていきます。

同僚の攻撃をかわすポイント

同僚が好奇心を持ち、奇抜な発想でも否定しないで、実行できるように対応する

5 妹主導型同僚に対する攻略法
（同僚の心境を第一に考え、寛大に対応）

このタイプの同僚は言いたいことが言えず、リーダーとしてみんなを引っ張っていくことが苦手です。〝私には無理……〟と悩んでしまうタイプです。メンバーの意見に対して反対もしなければ、これでいこう！　という決断もできません。

頑固おやじ度の高いあなたは「こんなことでリーダーが務まるのか？　自分一人でメンバーを引っ張っていくしかないな……」と、自分の自己肯定的な面を立証しようとしがちになりますが、そこは踏みとどまって、同じ同僚同士リーダーに選ばれたのですから、「こいつを育ててやろう」と考えるようにしましょう。そして、どんなことでも相談に乗るし一緒にいるから……と安心感を引き出すようにし、「君にとってチャンスだよ。私も全力で頑張るから、お互いリーダーとしてみんなを一つにまとめて結果が出せるように頑張ろう。困ったときは相談しながら進めよう」といった言い方をします。

☆攻略のポイント

いい子ブリッ子タイプの同僚は協調性はありますが、自信がないためか、依存的な面が多く見られます。ですから「君にとってチャンスだよ。一緒にチームのリーダーとしてみんなを一つにまとめて結果が出せるように頑張ろうね。困ったときは相談しながら進めればいいし、何かあれば私がいるから安心してやってみようよ」というように、リーダーとしての責任感も必要だが、相談に乗るしアドバイスもするから安心していい、ということを強調して話しましょう。

このタイプは自主性がなく依存的傾向が強いため、他のメンバー間で意見の相違が出て決断しなければいけないときに注意が必要です。そんなときは、あなたが同僚の足りないところを補えばよいのです。こと細かくアドバイスや指示を出すようにしましょう。そしてあなたが表面上動いたとしても、少しずつでも同僚が活躍できるステージも作ってあげましょう。こんなことくらい一人でできないようではリーダーとしては無理だな、などと考えたところで、このタイプの同僚は決断ができません。プロジェクト自体が空中分解する可能性が高くなってしまいます。ほとんどあなたが指示したりアドバイスしたりすることで、同僚は安心して参画していられます。

そしてプロジェクトが成功したときには、「君もやればできると思っていたよ。一緒に成功させることができてうれしく思うよ。これからもチャンスがあれば頑張ってみようね」というように、同僚に自信をつけさせましょう。「自分もやればできるんだ」と少しずつでも達成感を教え、同僚なりに頑張ったことを認めましょう。

認められた同僚は、あなたは自分を信じて一緒にやってくれた。こんな自分を認めてくれたと感じ、あなたに対して心を開いていきます。このタイプの同僚を独り立ちさせるには時間がかかります。しかし、無理と思って何もさせなければ成長しません。気長に接していきましょう。

同僚の攻撃をかわすポイント

同僚の心境を第一に考え、些細なことでも成功したら認めるようにする

このように同僚の高いタイプの特徴をとらえ、同僚のトラウマに配慮して接することで、今までうまくいかなかった関係が少しずつ改善されていきます。誰でも心の片隅では、「好かれていたい、嫌われたくない」と思っています。同僚攻略法に共通するポイントは、自分の高いタイプの特徴を前面に出して接したり、身につけているトラウマを立証しようとするのではなく、あくまでも同僚を攻略するために自分が〝演じる〟ことです。

自分と共感できない同僚は苦手と遠ざけるのではなく、お互いに不快感を残さないよう

にするにはどう演じたらいいのだろうと、楽しみながら接すればよいのです。

同僚の場合、上司・部下のような上下関係があるわけではありません。同僚間はあくまで平等で、お互い様です。完璧な人間などどこにもいません。どこか足りないところや過剰な部分がその人の「個性」です。自分の感覚に合う人ばかりが集まっても、いずれ飽きがきます。いろいろなタイプの同僚がいるから、日々さまざまな出来事があるのです。

人は、自分だけ違うこと言ったり行動したりすれば嫌われるのではないかという不安から、まわりの人の目を気にしてしまいがちです。そのような中で、周囲とは違ったことを言う人が出てくると、相手にしなくなったり悪口を言う人がいますが、それは仲間はずれにすることで、自分たちの優位性を保っている人たちです。そんな仲間は〝類は友を呼ぶ〟で集まっているだけで、本来はみんな一人になると寂しがり屋なのです。

周囲と違ったことを言う人を無視するのではなく、仲間にしてしまいましょう。

同じ職場で仕事する時間を共有するのですから、楽しい時間にした方が良いと思いませんか？　少しでも楽しい時間を共有することができるようになれば、現代病と言われている「ストレス」から解放されます。同じ土俵で戦う仲間として認め合い、仲間意識を芽生えさせましょう。

それは、簡単なことです。あなたが同僚のタイプ別に演じればいいのです。演じているうちにそのパターンが身についてきます。そして、演じることが楽しくなってきます。安心して演じてみてください。

広瀬　貴美代（ひろせ　ふみよ）
1963年、東京都生まれ。1992年、法人グループ病院に入職。総務課人事担当。現在に至る。
同時にメンタルマネージメント「ダイヤモンド企画」を主催し、職場の人間関係で悩んでいる人に対し、「あなたも輝いてみましょう」をキャッチフレーズに、交流分析の手法を使って指導を行なっている。また、企業を対象としたものとしては、交流分析を使った職場環境に合わせた人事マネージメント講習会を開催し、環境改善の指導も行なっている。

上司・部下・同僚　うまくいく人間関係

平成18年10月30日　初版発行

著　者　広瀬貴美代
発行者　中 島 治 久

発行所　同文舘出版株式会社
東京都千代田区神田神保町1-41　〒101-0051
電話　営業03（3294）1801　編集03（3294）1803
振替　00100-8-42935　http://www.dobunkan.co.jp

ISBN4-495-57341-1
印刷／製本：三美印刷 Printed in Japan 2006